指向创造力丛书

小学STEM篇
创造力提升：从实践到素养
（上）

沈坚　主编

苏州大学出版社
Soochow University Press

图书在版编目(CIP)数据

小学STEM篇·创造力提升：从实践到素养. 上 / 沈坚主编. -- 苏州：苏州大学出版社，2024. 7. --（指向创造力丛书）. -- ISBN 978-7-5672-4874-8

Ⅰ. G623.62

中国国家版本馆CIP数据核字第20246DK998号

Xiaoxue STEM Pian · Chuangzaoli Tisheng: Cong Shijian Dao Suyang (Shang)

小学STEM篇·创造力提升:从实践到素养(上)

主　　编: 沈　坚
责任编辑: 李　娟
助理编辑: 任雨萌

出版发行: 苏州大学出版社(Soochow University Press)
社　　址: 苏州市十梓街1号　邮编: 215006
印　　刷: 苏州市越洋印刷有限公司
网　　址: www. sudapress. com
邮　　箱: sdcbs@suda. edu. cn
邮购热线: 0512-67480030
销售热线: 0512-67481020

开　　本: 787 mm×1 092 mm　1/16
印　　张: 9. 5
字　　数: 151千
版　　次: 2024年7月第1版
印　　次: 2024年7月第1次印刷
书　　号: ISBN 978-7-5672-4874-8
定　　价: 49. 00元

编写组

主　编	沈　坚				
副主编	葛　虹	刘海燕	顾纯青	徐晓燕	许绍杰
编写人员	杨原明	叶鹏松	曹　宏	胡益兵	蒋　波
	卢　毅	韩嘉华	华　强	郭晶晶	葛爱梅
	聂健清	徐梦洁	高　羽	张棋源	翁文娟
	陆依芊	吴敏娜	严心莹	姚伟峰	曹红艳
	凌　静	周　萌	郑华威	侯晓丽	巫娟香
	金　荣	顾雨晴	张凤燕	蔡晓璇	孟　雪
	徐　菊	徐柳倩	琚　颖	施兰英	潘　怡

前言
PREFACE

在科技日新月异的今天，教育的目的早已不再局限于知识的传授，而更多地聚焦于如何培养学生的综合素质和创新能力。正是在这样的背景下，STEM（Science，Technology，Engineering and Mathematics，即科学、技术、工程和数学）教育应运而生，它以跨学科整合的方式，为学生打开了一扇探索世界、创造未来的窗口。

苏州工业园区（以下简称“园区”）是中国和新加坡两国政府间的重要合作项目，被誉为“中国改革开放的重要窗口”和“国际合作的成功范例”。顶尖产业体系和高端人才资源群为园区整体推进教育、科技、人才一体化部署，加强中小学科学教育各学段一体化实施，深入推进多重主体一体化协同，积极构建较为完善的中小学科学教育体系奠定了坚实基础。

2020 年 11 月，“STEM 教育支持强基创新人才的融浸式实践”项目由江苏省中小学教学研究室与园区教育局联合上报并正式获批江苏省基础教育前瞻性教学改革实验培育一类项目。2022 年 8 月，项目在中期评估中获评优秀。园区通过系列设计与循证实践，扎实推进基础教育各学段的 STEM 教育研究，在课程图谱绘制、师资团队培育等方面取得了阶段性成果，积累了丰富的研究经验，该项目于 2023 年 6 月顺利结项。

本书正是基于园区 STEM 教育研究的产物，旨在为学生提供一套系统、全面的学习指南。本书将围绕 STEM 的内涵，结合学生的认知特点和学习需求，通过一系列生动有趣的案例和实践活动，引导他们在探索中学习，在实践中创新。

STEM 教育的核心在于跨学科融合。在本书中，我们打破了传统学科之间的界限，将科学、技术、工程和数学有机地融合在一起。无论是科学实验、机械制作，还是数据分析、编程设计，我们都将以STEM的视角进行解读和展示。这样的整合不仅有助于学生形成全面的知识体系，更能够培养学生的综合思维能力和问题解决能力。

创造力是STEM教育的另一大关键词。我们鼓励学生在探索中发现问题、在思考中寻求解决方案、在实践中验证假设。书中的每一个项目都旨在激发学生的创造潜能，让他们学会用科学的态度去认识世界，用技术的手段去改造世界，用工程的思维去解决问题，用数学的语言去描述世界。

本书还注重培养学生的团队合作精神和沟通能力。在STEM项目中，只有团队成员之间进行密切协作和有效沟通，才能够取得最终的成功。因此，书中也设计了大量的团队活动和讨论环节，旨在让学生在合作中学会倾听、在沟通中学会理解、在协作中学会成长。

本书不仅是一本教科书，更是一本启发学生智慧的启蒙读物。我们期待每一位读者都能够在书中找到属于自己的灵感和乐趣，更期待他们能够将所学所得运用到实际生活中去，成为未来世界的创新者和建设者。

目录

CONTENTS

第一篇　校园空间篇

项目 1　鱼儿保卫计划

——为校园水池设计增氧装置　/ 3

项目 2　巧妙的“陷阱”

——设计制作胡蜂诱捕器　/ 20

项目 3　校园智慧菜园

——为盆栽制作小温室并安装自动灌溉装置　/ 34

项目 4　校园幸福小屋

——为学校设计改造闲置亭　/ 50

项目 5　护栏卫士

——给护栏设计一个易于植物养护、利于学生安全的花架　/ 61

第二篇　地方特色篇

项目 1　笔外有“山”
——设计制作带有辅助功能的毛笔　/ 77
项目 2　不倒船翁
——运用重心解决平衡问题　/ 92
项目 3　河道小卫士
——为狭窄的古城河道设计制作便捷打捞装置　/ 107
项目 4　枇杷“猎人”
——设计制作枇杷采摘器　/ 117
项目 5　当苏式花窗遇上书本支架
——为小学生设计制作实用的苏式书本支架　/ 130

第一篇
校园空间篇

项目1 鱼儿保卫计划

——为校园水池设计增氧装置

一、课例概述与教学目标

◎ 课例概述

本项目源于学校景观池水质恶化、鱼儿死亡的实际环境问题。为拯救池中的小鱼，学生深入调查，针对水池缺氧的核心问题展开研究。他们学习了物理、化学过滤法和水循环法，并通过实验对比分析不同过滤材料的效能。在资源有限的情况下，学生利用废弃材料创新设计出微型水循环过滤装置，经过不断测试与改进，成功解决了水池缺氧问题。此过程不仅锻炼了学生的工程技术能力，还培养了他们在生命科学领域的跨学科素养，以及保护生态环境、倡导循环利用的环保意识。

本项目适用小学中高年级（4~6 人一组），建议课时：8 课时。

◎ 教学目标

科学探究（S）：

（1）理解含氧量与水循环造景的概念，从生态系统视角调查分析小鱼死亡主因及提高水池含氧量的方法。

（2）通过实验分析物理和化学过滤材料的效果，设计建模，并不断对模型进行修改优化。

（3）通过阅读自主了解伯努利原理及鱼池过滤系统，并运用所学重力、斜面知识，结合显微镜观察水中微生物的结果，优化水循环造景的设计与制作。

技术素养（T）：

（1）学会使用测氧仪和电烙铁，了解潜水泵、增氧泵的工作原理。

（2）了解科技、社会、生物、环境间的相互影响，愿采取行动保护生态、节约资源。

工程目标（E）：

（1）对过滤装置进行设计、绘图、建模，并尝试通过叠加多种过滤材料对过滤装置进行迭代升级，达到理想过滤效果。

（2）在有限成本下，对水循环造景进行设计、建模、制作、测试并修正，得到理想的循环装置。

（3）组合过滤循环装置，测试水中含氧量，迭代升级后应用于真实景观池。

数学领域（M）：

（1）统计景观池一天的含氧量，对数据进行整理并绘制折线图。

（2）测量和计算水循环造景的尺寸，从节约成本、环保等方面计算循环过滤装置的材料费用。

二、问题与聚焦

学校景观池（图 1）水质浑浊发绿，有杂物，池里的鱼儿频频浮头，死亡率高，池塘生态系统岌岌可危，如何拯救池中的鱼儿，让它们在自己的“家园”里健康生活呢？

小小环境工程师们，请你们猜测小鱼死亡的原因并把理由记录下来吧。

图 1 景观池

请你们在有限的成本内，使用废弃材料制作既美观又能为景观池增氧的微型循环过滤装置。

三、调查与研究

环节 1：认识并使用测氧仪，分析小鱼死亡的原因

1. 问题思考：如何测量水中含氧量呢？

探究材料：测氧仪（图 2）、自制网兜（图 3）。

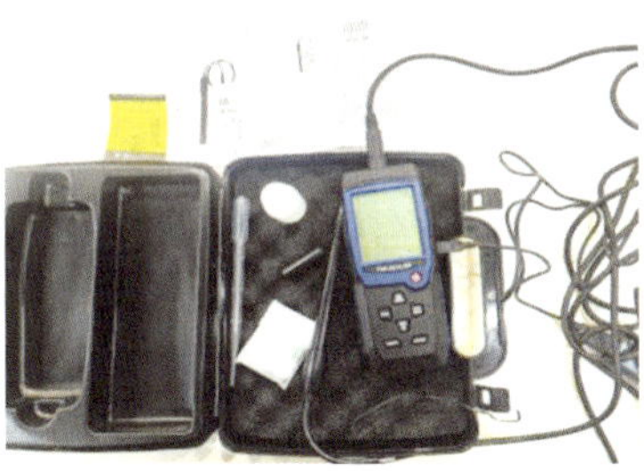

图 2 测氧仪

图 3 自制网兜

2. 探究活动 1：用看、闻、摸的方法观察水样，进行讨论交流，记录水样的特点。

3. 探究活动 2：用测氧仪检测水样 11 小时的含氧量变化，并根据记录的数据绘制水样含氧量折线图。（图 4—图 6）

探究材料：测氧仪、鱼池水样。

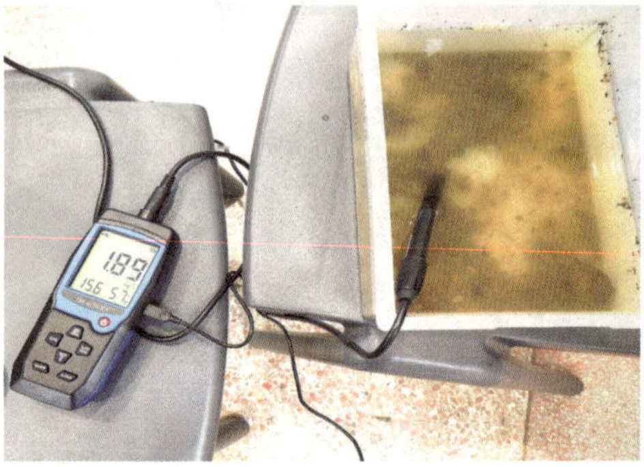

图 4　检测水样含氧量

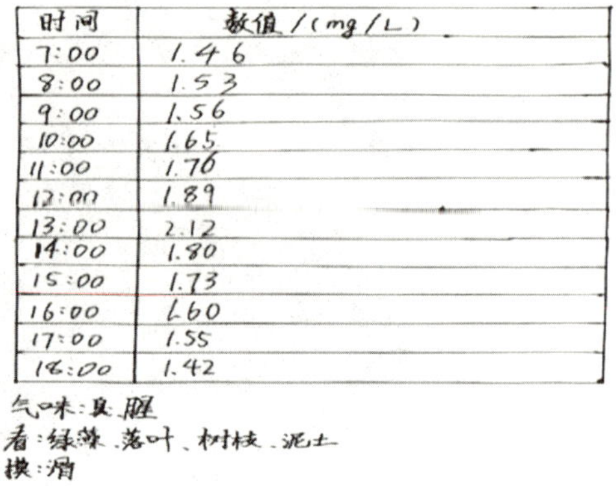

时间	数值 /（mg/L）
7:00	1.46
8:00	1.53
9:00	1.56
10:00	1.65
11:00	1.76
12:00	1.89
13:00	2.12
14:00	1.80
15:00	1.73
16:00	1.60
17:00	1.55
18:00	1.42

气味：臭腥
看：绿藻、落叶、树枝、泥土
摸：滑

图 5　水样含氧量检测数据

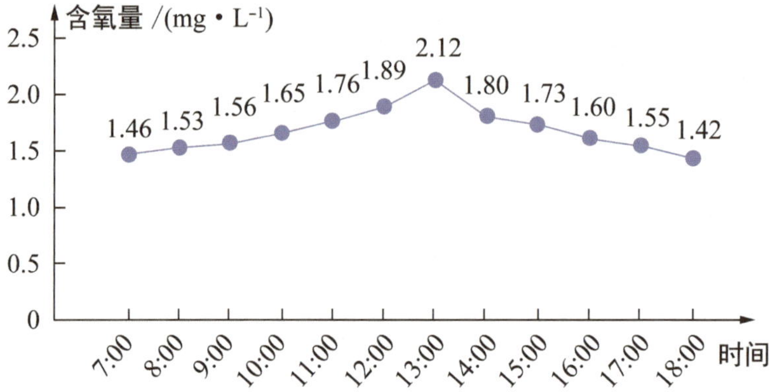

图 6　水样含氧量折线图

4. 探究活动 3：小组交流分析折线图，探究池中鱼儿死亡的原因。水中含氧量降低，威胁鱼儿生存，如何提高景观池中水的含氧量呢？

总结：

（1）利用空气中的氧气，使用潜水泵，增加水与空气的接触面积和时间。

（2）过滤水质，减少水中生物耗氧，使水更干净。

（3）利用藻类和水草的光合作用释放氧气，提高水中含氧量。

环节 2：探究单个过滤材料

通过实验分析比较单个物理过滤材料和化学过滤材料的过滤效果。

过滤材料和工具：见图 7。

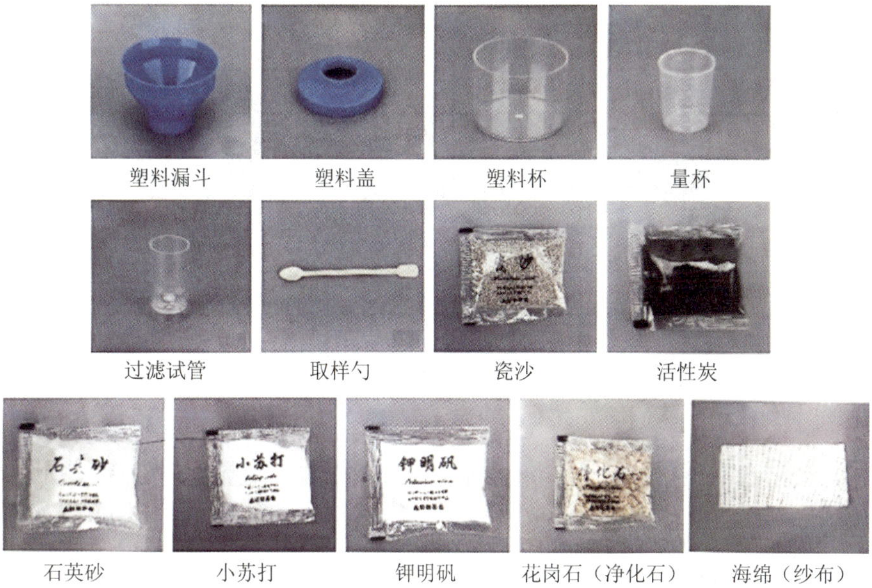

图7　过滤用到的材料和工具

小组讨论物理过滤探究步骤：(1) 观察过滤材料和工具的特点。(2) 组装过滤器，放入适量物理材料。(3) 倒入同样多的水质基本一致的水样，计时过滤。(4) 观察并记录过滤后水质和残留物情况。(5) 分析讨论过滤效果，对过滤速度进行排名。填写表1。

表1　物理过滤情况和过滤速度排名

材料	特征	单个过滤 可能效果	单个过滤 实际效果	过滤速度 排名
花岗石				
石英砂				
瓷沙				
活性炭				
海绵				

实验效果见图 8。

花岗石　石英砂　瓷沙　活性炭　海绵

图 8　几种实验效果图

小组讨论化学过滤探究步骤：(1) 观察过滤材料的特点。(2) 组装过滤器，放入适量化学材料。(3) 倒入同样多的水质基本一致的水样，计时过滤。(4) 观察并记录过滤后水质和残留物情况。(5) 分析讨论过滤效果，对过滤速度进行排名。填写表 2。

表 2　化学过滤情况和过滤速度排名

材料	特征	单个过滤可能效果	单个过滤实际效果	过滤速度排名
小苏打				
钾明矾				

小组讨论，头脑风暴，从单个过滤效果的情况看，你们发现了什么？你们对过滤装置有什么改进建议吗？

环节 3：认识水循环造景和电烙铁，学习使用建模软件 3D One

为了让水能有更大面积和更多时间与空气中的氧气接触，又增强美观性，可以进行水循环造景。

1. 探究活动 1：认识造景的种类和学习潜水泵（图 9）的构造及其工作原理。

水循环造景跌落方式：直落 、滑落 、叠落。水循环造景呈现样式：布状 、带（线）状 、柱状。(图 10)

图 9　认识潜水泵

叠落，布状

直落，柱状

直落，布状

滑落，带状

滑落，带状

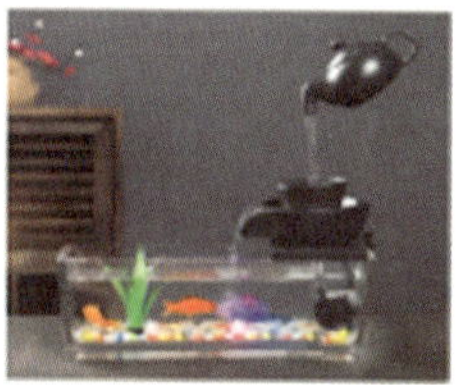

直落，柱状

图 10　几种水循环造景

2. 探究活动 2：了解直落式造景利用的伯努利原理。

问题思考：倒水时，水沿着杯壁流下来是什么原因？（图 11）进行伯努利原理实验活动。(图 12)

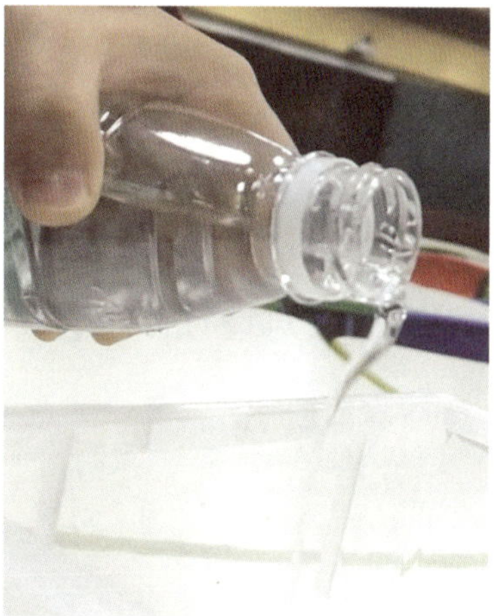

图 11　倒水时水流情景

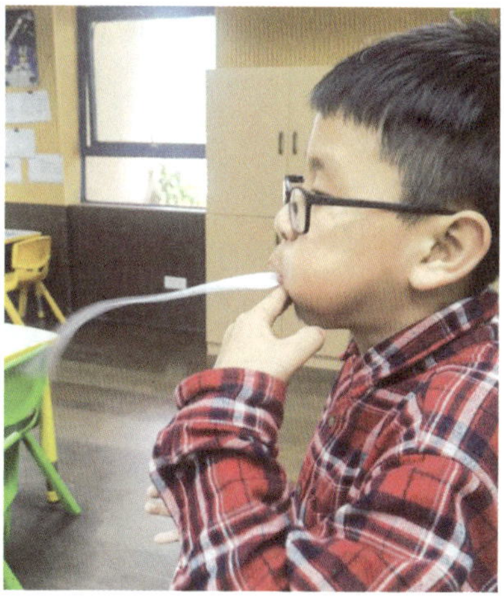

图 12　伯努利原理实验活动

3. 探究活动3：尝试利用3D One软件进行设计（图13）和学习电烙铁的使用（图14）。

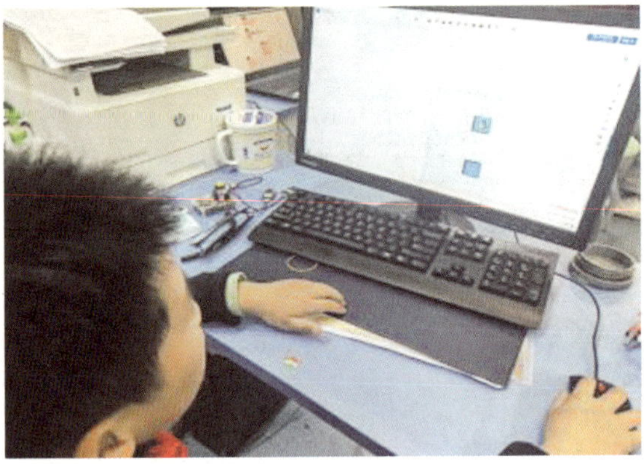

图13　利用3D One软件进行设计

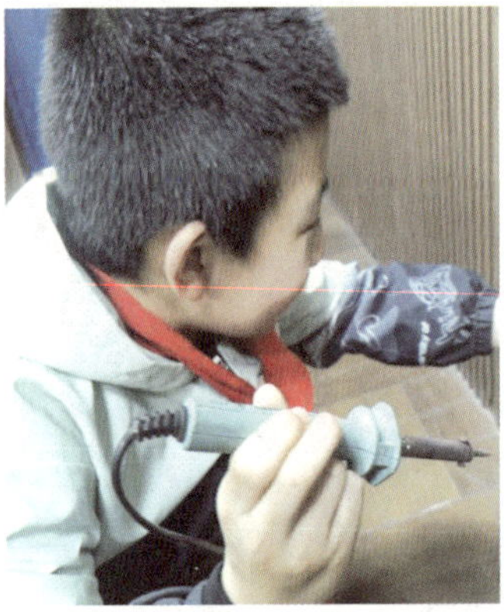

图14　学习电烙铁的使用

四、分析与设计

环节1：绘制过滤装置和水循环造景装置设计图

1. 问题思考。

（1）为了提升水质过滤和增氧的效果，你们打算设计一种什么样的装置（系统）？

（2）装置（系统）中的每个部分分别有什么样的功能？

2. 绘制设计图。

请画出设计图（参见图15）。小组头脑风暴，对设计图进行修改，统一舍弃化学过滤的方法。

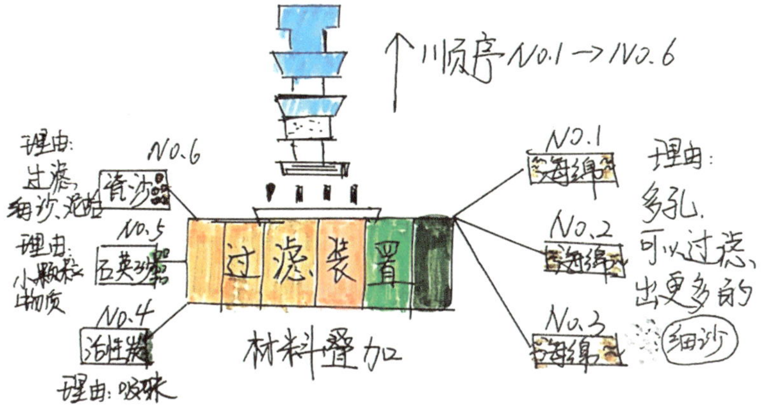

过滤装置设计

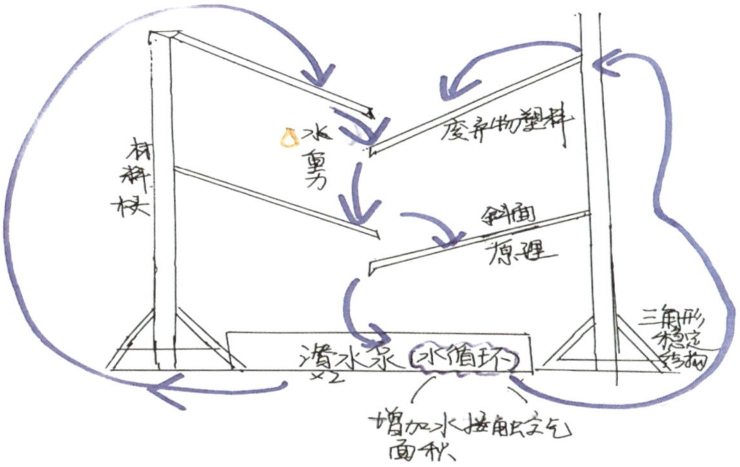

水循环造景装置设计

图 15　过滤装置和水循环造景装置设计图样例

环节 2：选择合适的材料设计过滤装置和水循环造景装置，注重节约成本和有效过滤

第一次设计（画图并阐述设计意图）。

1. 设计并自制过滤装置和水循环造景装置。

第一步：画出设计草图。

小组讨论，画出自制过滤装置和水循环造景装置的简图（参见图 16）。

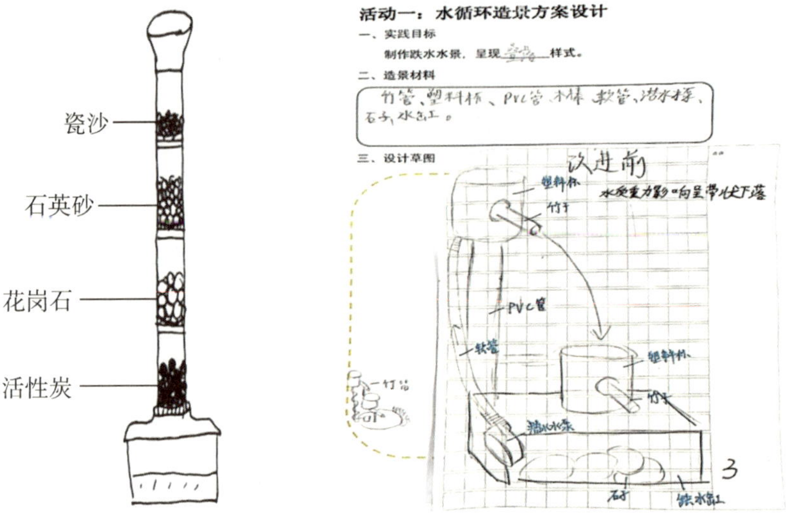

图 16　过滤装置和水循环造景装置简图样例

2. 出示主要过滤材料在超市的价格（图 17）。

海绵
0.5 元/份

花岗石(净化石)
1.2 元/袋

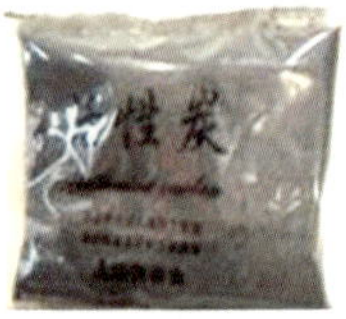

活性炭
1.5 元/袋

石英砂
1.2 元/袋

瓷沙
1.2 元/袋

胶棒
0.5 元/份

废弃塑料瓶
(1 个免费)
0.5 元/个

废弃木条
(1 根免费)
1.5 元/根

图 17　主要过滤材料的价格

备注：过滤器 4 个以内免费提供，超过 4 个按 1 元/个计费。

3. 你们将选择什么样的材料初步制作过滤装置和水循环造景装置？说说你们这样选择的原因。

4. 根据设计图，计算出所需要的材料数量，并按照造价单（图 18）进行过滤装置和水循环造景装置的初步估价。

5. 一个过滤装置和水循环造景装置需要的材料数量各是多少？你们是怎么计算的？

6. 本次建造一个过滤装置和水循环造景装置大约需要花费多少钱？

工程挑战项目（设计水循环造景装置）

第____个项目组　组长________组员____________

胶棒
0.5 元/份
(　　) 份

废弃塑料瓶
(1 个免费)
0.5 元/个
(　　) 个

废弃木条
(1 根免费)
1.5 元/根
(　　) 根

工程挑战项目（设计过滤装置）

第____个项目组　组长________组员____________

海绵
0.5 元/份
(　　) 份

花岗石(净化石)
1.2 元/袋
(　　) 袋

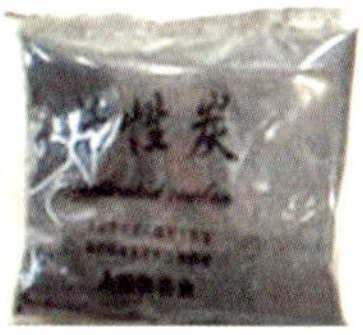

活性炭
1.5 元/袋
(　　) 袋

石英砂
1.2 元/袋
(　　) 袋

瓷沙
1.2 元/袋
(　　) 袋

备注：过滤器 4 个以内免费提供，超过 4 个按 1 元/个计费。

图 18　造价单

五、选材与制作

1. 制作时，需要哪些工具？（图 19 中列出了几种工具）

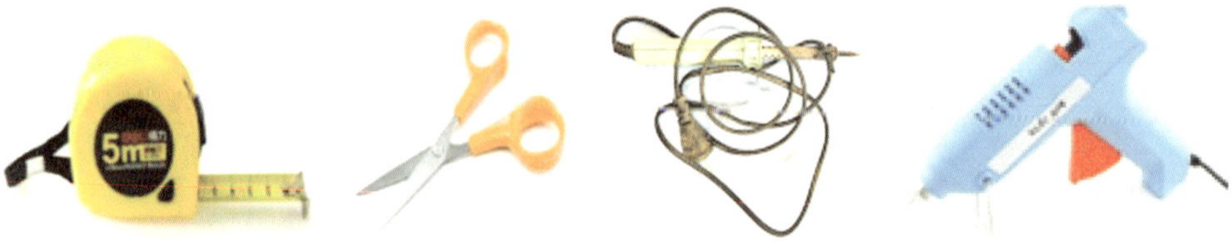

卷尺　　剪刀　　电烙铁　　热熔胶枪

图 19　几种工具

2. 初步制作过滤装置和水循环造景装置。（图 20）

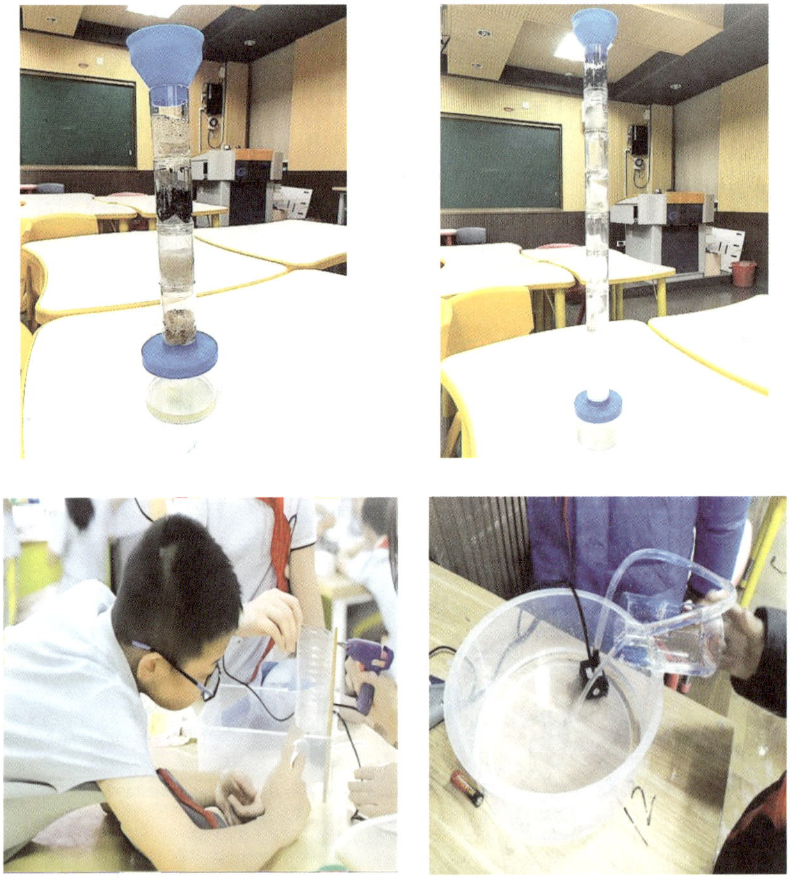

图 20　初步制作过滤装置和水循环造景装置

六、测试与反思

环节 1：测试、反思、优化过滤装置和水循环造景装置

1. 探究活动 1：（1）对水池水样进行过滤后，观察过滤后的水质和残留物，从过滤效果和成本两方面分析、改进装置设计图，进行再优化。（2）对水池水样进行水循环测试，将遇到的问题和解决方案写下来，填写测试记录单，记录单样例见图 21。

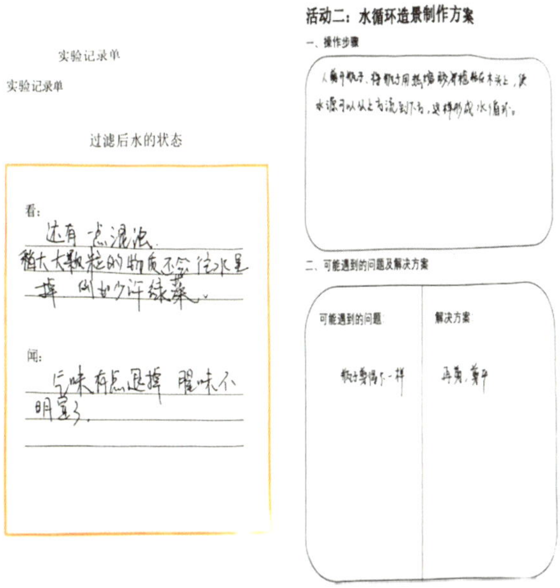

图 21　测试记录单样例

2. 探究活动 2：小组交流，从功能性和节约成本、美观等方面互相评价，并填写评价表（表 3、表 4）。

表 3　小组间过滤装置评价表

被评价小组	功能性（星级）	成本性（星级）	评价小组	备注
				经过检测，与原来相比，提高含氧量的为 5 星，含氧量基本不变为 4 星，含氧量偏低的为 3 星
				成本 2~5 元为 5 星，成本 5~8 元为 4 星，成本 8 元以上为 3 星

表 4　小组间水循环造景装置评价表

被评价小组	功能性（星级）	成本性（星级）	美观性（星级）	评价小组	备注
					经过检测，与原来相比，提高含氧量为 5 星，含氧量基本不变为 4 星，含氧量偏低为 3 星
					成本 1~2 元为 5 星，成本 2~4 元为 4 星，成本 4 元以上为 3 星

环节 2：搭建和测试第二次过滤装置和水循环造景装置

第二次设计（画图并阐述设计意图）。

修改设计图样例如图 22 所示。

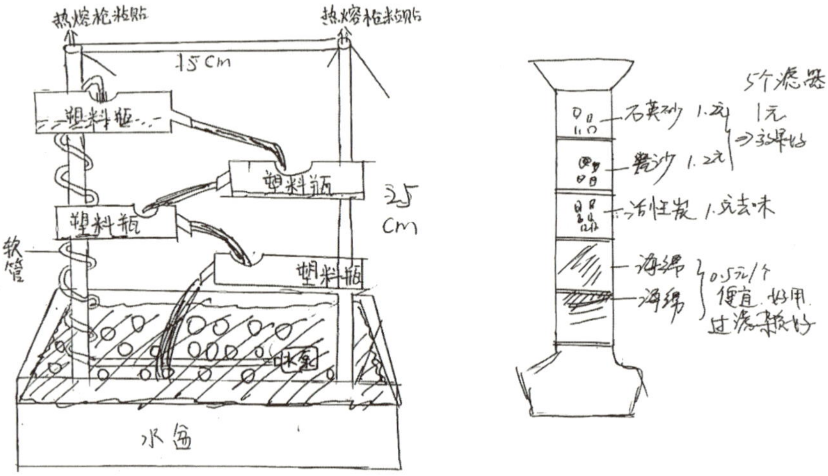

图 22　过滤装置和水循环造景装置第二次修改设计图样例

探究活动：进行第二次过滤装置和水循环造景装置的搭建，对水池水样进行过滤，观察水质和用测氧仪进行水池水样含氧量的测量。（图 23）

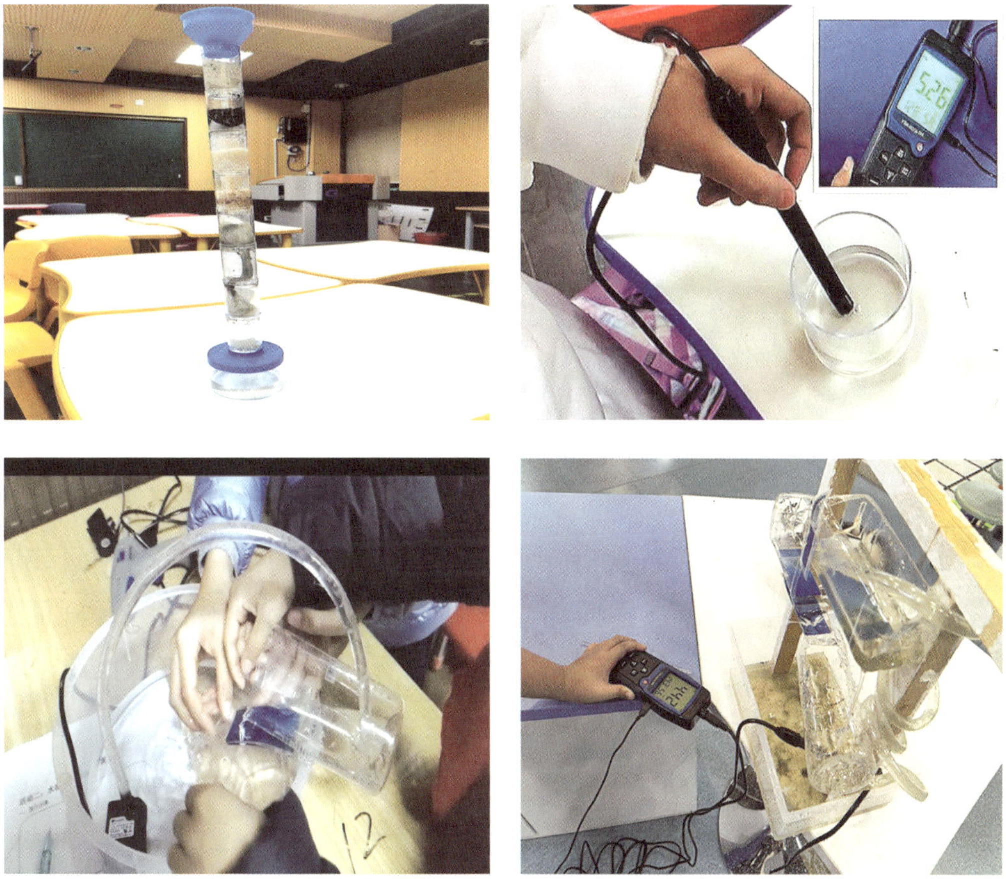

图 23 过滤装置和水循环造景装置第二次修改、测试

经过第二次测试，水池中水的含氧量比原来提高了许多，你们对自己的水循环造景装置有什么优化的建议？

七、优化与升级

环节 1：优化增氧装置，将水循环造景装置和过滤装置结合

测试显示，水循环造景装置和过滤装置均可提高水中含氧量，那么将两者结合，制成水循环过滤装置，是否能更有效地提高水中含氧量？

1. 探究活动 1：利用 3D One 软件，尝试进行水循环过滤装置的模型建构，如图 24 所示。

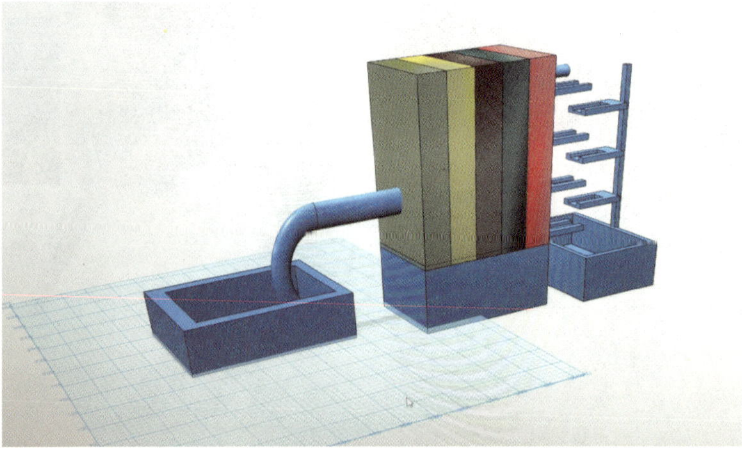

图 24　模型建构

2. 探究活动 2：小组讨论，利用电烙铁和两个潜水泵将水循环造景装置和过滤装置连接起来，形成水循环过滤装置，然后对水池中水的含氧量进行测量。如图 25 所示，可测出水池中水的含氧量为 6.12 mg/L，比单个装置效果更好。

图 25　测试利用水循环过滤装置后的含氧量

环节 2：使用增氧泵和传感器，意识到微生物的作用

1. 认识增氧泵（图 26）：增氧泵可直接给水增氧，若搭配传感器（图 27），在特定阈值下，可自动增氧。

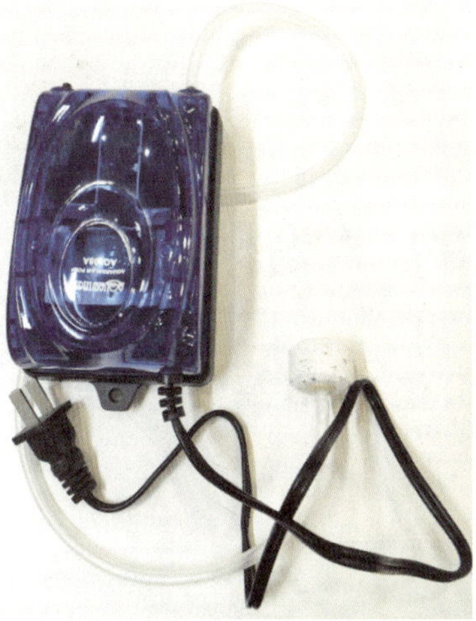

图 26 增氧泵

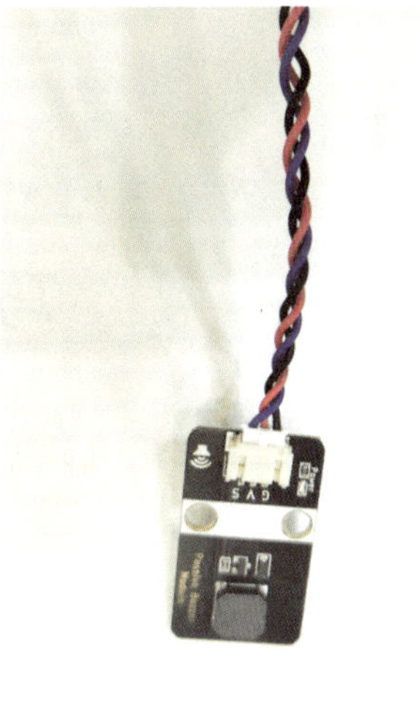

图 27 传感器

2. 探究活动：利用显微镜观察，发现水中有微生物存活的迹象，学生猜测可以用外界微生物如草履虫，对水进行杀菌，可在水循环装置中添加微生物杀菌。

项目2 巧妙的“陷阱”

——设计制作胡蜂诱捕器

一、课例概述与教学目标

◎ 课例概述

本项目源于学校花园中出现的胡蜂带来的校园安全问题。在核心问题的驱动下，学生了解胡蜂的生活习性、行为特征和生命周期，收集、整理和分析数据，学习通过无人机、红外线摄像机观测胡蜂，设计制作巧妙的“陷阱”（胡蜂诱捕器），安全转移胡蜂，并利用社交媒体提醒校园师生注意安全，以防被胡蜂伤害。通过科学探究、工程设计、数学计算、测试改进、推广宣传提升学生跨学科素养和解决问题的能力。

本项目适用小学中高年级（4~6人一组），建议课时：6课时。

◎ 教学目标

科学探究（S）：

（1）了解胡蜂的生活习性、行为特征和生命周期。

（2）了解胡蜂的危害和作用，以及如何与其安全相处。

技术素养（T）：

（1）选择合适的材料，制作巧妙的“陷阱”（胡蜂诱捕器）。

（2）学习使用无人机、红外线摄像机观测胡蜂活动情况。

（3）学习使用社交媒体提醒校园师生注意安全，以防被胡蜂伤害。

工程目标（E）：

（1）设计胡蜂诱捕器，确保胡蜂安全的同时避免胡蜂伤害校园师生。

（2）通过工程设计、建造，解决胡蜂转移的技术难题，确保顺利完成任务。

数学领域（M）：

（1）通过数据的收集、整理、分析，确定胡蜂诱捕器的结构。

（2）通过计算，学会控制成本。

二、问题与聚焦

夏末秋初，气温还未转凉。校园里的树上出现了一群不速之客，离得稍近，就能听见它们“嗡嗡嗡”的私语，走近一看，哇——原来是可怕的胡蜂（图1）。它们把家（蜂巢）安在了高高的树上。它们的巢如此巨大，长度至少有50厘米，直径也有30厘米以上，这得住着多大的一家子啊。这类昆虫可不容小觑！

图1　校园里的胡蜂

为了保障同学们的校园生活安全，请你们想想办法吧！为了完成这项任务，你们要知道哪些知识？需要做哪些准备？想一想，列个简单的计划吧！

三、调查与研究

环节 1：了解胡蜂

1. 活动探究：“我”有黑、黄、棕三色相间的绒毛外套，头上有长长的触角，背上有膜质翅，有尖锐有毒的螯针，谁也欺负不了“我”。猜到“我”是谁了吗？

2. 观察实验：

（1）活动要求：

① 观察胡蜂标本，仔细观察胡蜂的外形特征。

② 观察胡蜂如何采蜜，记录它们的活动路径和采蜜方式。

（2）活动过程：

① 小组发放胡蜂标本，从三个角度观察记录胡蜂的外形特征。

② 观察胡蜂如何采集花蜜，将活动路径和采蜜方式记录在表 1 中。

表 1　观察胡蜂标本记录表

观察角度	上面	正面	侧面
测量工具			
结构特征			
我的发现：			

（3）环节测试：

① 通过观察，你们已经了解了胡蜂的外形特征，它有哪些结构？

____

____

② 这些结构对胡蜂的活动有什么作用？

____

____

③ 胡蜂的一生要经历哪些阶段？形态发生了什么改变？

____

____

知识链接

胡蜂（图2），别称马蜂、黄蜂、杀人蜂等，隶属于昆虫纲膜翅目胡蜂总科胡蜂科。胡蜂一生要经历四个阶段：卵、幼虫、蛹、成虫。

图2 胡蜂

环节2：了解胡蜂的危害和作用

1. 思考调查：胡蜂的脾气相当暴躁，会主动攻击人类，在捕食猎物时还会把同类当作盘中餐（图3）。如果有同学不小心被胡蜂蜇了该怎么办？

图3 胡蜂蜇人、捕食情况

请查阅资料，讲一讲你们的发现。

____

____

2. 交流研讨：选择一种植物作为研究对象，调查胡蜂对它的授粉有什么作用，对植物的害虫有什么作用。讨论胡蜂对植物的重要性，思考如何保护和利用胡蜂。

____

____

3. 实验研究：通过观察胡蜂对昆虫的捕食行为，了解胡蜂是植物害虫的天敌。

（1）实验材料：大型透明玻璃容器、胡蜂、几种昆虫（如蜜蜂、果蝇、蚂蚁等）、蜜糖（吸引昆虫的诱饵）。（图4）

大型透明玻璃容器

胡蜂

几种昆虫

蜜糖

图 4　实验材料

（2）实验步骤：

① 准备透明玻璃容器，确保容器干净透明，以便观察。

② 在容器底部放置蜜糖，吸引昆虫进入容器。

③ 将胡蜂放到容器中，观察它们对昆虫的捕食行为。

④ 记录观察到的胡蜂捕食昆虫的数量、方式、时间和频率。

⑤ 观察不同种类的昆虫对胡蜂的反应，观察胡蜂对几种昆虫的捕食偏好。

⑥ 实验结束后，释放胡蜂和其他未被捕食的昆虫。

（3）注意事项：

① 在进行实验时，确保安全，避免被胡蜂蜇伤。

② 确保容器内通风良好，保证胡蜂的生存和健康。

③ 避免使用有毒的昆虫，确保它们不会对胡蜂造成伤害。

（4）环节测试：完成观察报告，小组汇报。

环节 3：学习使用无人机、红外线摄像机

1. 技能学习。

（1）认识无人机：无人机（图 5）包括飞行器、遥控器、数据线、转接线、云台保护锁扣、备用螺丝、备用桨叶和飞行电池等。

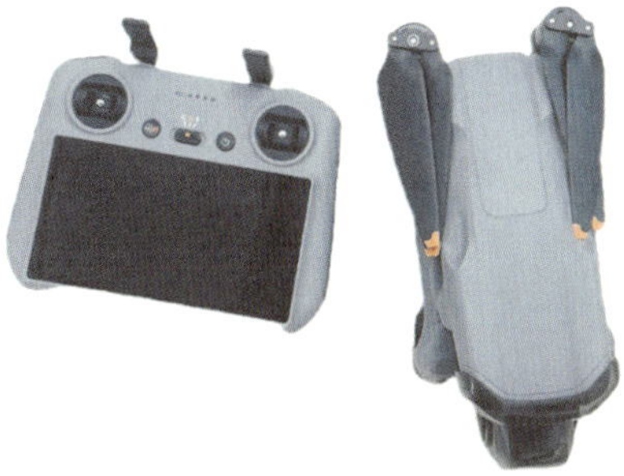

图 5　无人机

① 飞前准备：组装桨叶，遥控对频。

② 飞行步骤：摆放机器，对频检查，操作起降。

③ 注意事项：了解限飞区和可飞行区，及时返航，检查设备。

（2）无人机操作（图 6）练习：选择试飞场地时首选草坪，这样不容易摔坏无人机。切勿飞高后突然降速，这样会造成无人机垂直落地，应缓慢降速。

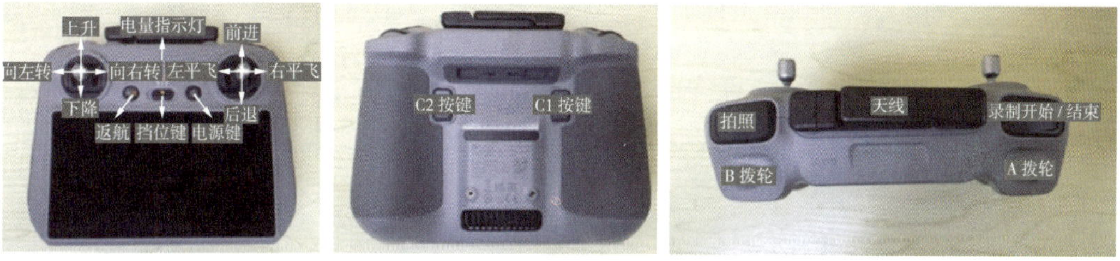

图 6　无人机操作按键说明

① 升降练习：控制无人机螺旋桨转速，控制油门操作杆。在达到一定高度时停止推动油门，无人机依然在上升。若想停止上升，必须降低油门，无人机会因为缺乏升力开始降低高度。

② 俯仰练习：用于无人机的前行和后退操作，保证无人机正确飞行。俯冲时，无人机的机头会略微下降，机尾会抬起。上仰练习与俯冲操作类似，只不过需要将摇杆从中间位置向后拉动。

③ 偏航练习：用于改变航线，在无人机前行时使其偏转。在进行偏航操作时，使用到的摇杆是左右方向的油门摇杆。右偏航和左偏航交替练习更好。

（3）认识红外线摄像机（图7）：红外线摄像机可以捕捉人们肉眼看不到的红外线，红外线经物体反射后进入镜头进行成像，因此可拍摄到黑暗环境下肉眼看不到的影像。

图7　红外线摄像机

2. 环节测试：你们能使用无人机与红外线摄像机观测生物活动吗？把你们观测到的内容在表2中记录下来吧！

表2　观测记录表

观测生物：			姓名：______	时间：______
日期	观测情况			
	时段一	时段二	时段三	时段四

四、分析与设计

环节1：绘制思维导图

1. 问题思考：

（1）你们打算怎么处理校园里的胡蜂？为什么要这样处理呢？

（2）你们打算将巧妙的“陷阱”（胡蜂诱捕器）设计成什么样的结构？这种结构有什么优点？

（3）巧妙的“陷阱”（胡蜂诱捕器）中的每个部分分别有什么样的功能？

（4）你们觉得有哪些困难？请列出来。

2. 分工设计：请小组讨论组员分工，并画出项目活动的思维导图。

环节 2：设计诱捕装置

1. 第一次设计：画图并阐述设计意图。设计图样例见图 8。

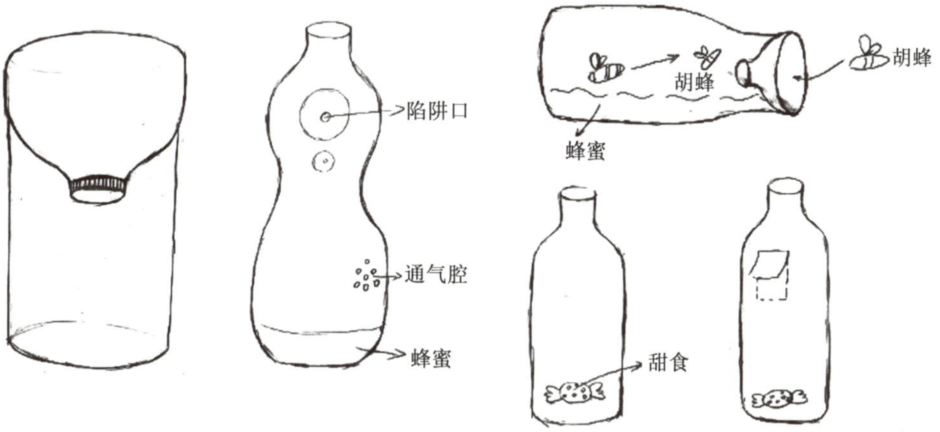

图 8 设计图样例

2. 小组交流，从功能性、美观性和实用性三方面互相评价，并记录下别的小组对自己小组的评价。

评价小组	功能性	美观性	实用性
	☆☆☆☆☆	☆☆☆☆☆	☆☆☆☆☆
	☆☆☆☆☆	☆☆☆☆☆	☆☆☆☆☆

你们小组打算如何修改？

3. 第二次设计：画图并阐述设计意图。

提醒：在设计过程中要准确测量各项数据，并标注在设计图中。

4. 对比第一次与第二次的设计图，谈谈你们的想法。

五、选材与制作

环节1：选择合适的材料制作胡蜂诱捕器

1. 你们将选择什么样的材料制作胡蜂诱捕器？说一说你们这样选择的原因。

根据胡蜂诱捕器的功能，你们还需要什么材料？

2. 根据设计图，对校园胡蜂数量进行预估，计算出所需要的材料数量，并进行工程估价。

胡蜂诱捕器放在哪里？需要的材料数量各是多少？你们是怎么计算的？

3. 大约需要花费多少钱？请填写在表 3 中。

表 3 材料花费明细表

功能	所需材料	数量	单价	合计	总计

4. 小组合作制作胡蜂诱捕器。（图 9、图 10）

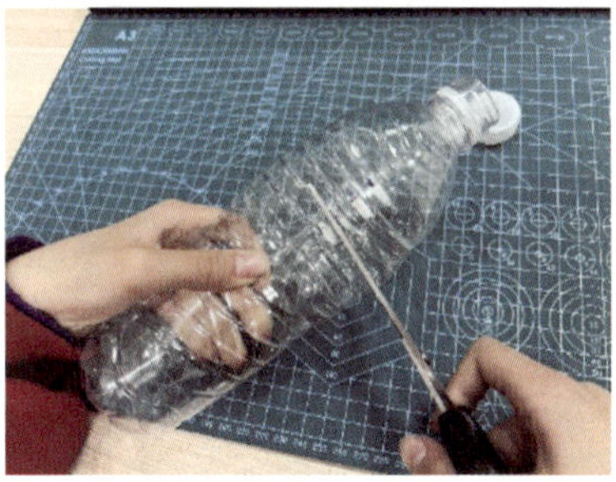

图 9 模型制作

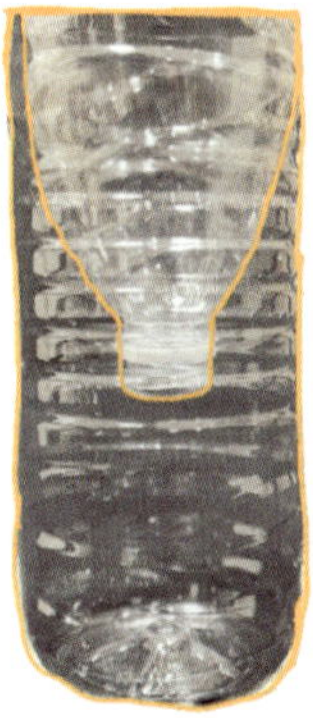

图 10 胡蜂诱捕器成品

安全提醒：用刀切割时注意戴好护具，刀刃切勿朝向自己和同学。

5. 思考：在制作胡蜂诱捕器时，可能会遇到一些困难，请你们记录下来并交流讨论，然后写出解决的方法。

遇到的困难：________________

解决的方法：________________

六、测试与反思

环节 1：测试胡蜂诱捕器的功能

1. 制作模型（图 11）。

（1）胡蜂攻击性强，很难将它“请”到课堂中，你们能制作一个胡蜂模型来测试你们设计的诱捕器的功能吗？

正面　　侧面　　后面

图 11　三面胡蜂模型

（2）了解胡蜂的运动行为习惯，再次进行模拟（图 12）。

图 12　模拟胡蜂运动情况

2. 模型测试（图 13）。

你们是怎样实现胡蜂诱捕器的功能的？能利用模型测试并讲解吗？

图 13　产品功能测试

环节 2：成果展示与评价总结

1. 成果展示：请向校园里的老师和同学们展示你们的产品，并详细介绍制作过程以及产品亮点。

2. 评价总结（表 4）：回顾这次项目完成过程，对自己的学习行为做出评价和总结。如果对自己的表现满意，请为自己画上小星星。

表 4　学习评价和总结表

	评价内容	自我评价
学习评价	了解胡蜂的结构特征、生活习性	☆☆☆☆☆
	能够画出设计草图并制作改进	☆☆☆☆☆
	能够建立模型验证猜想	☆☆☆☆☆
	积极参与项目完成过程	☆☆☆☆☆
	掌握了制作诱捕工具的流程	☆☆☆☆☆
	能够根据需求制作一个诱捕器	☆☆☆☆☆
学习总结	成功的经验：	
	失败的原因：	

3. 根据测试结果，你们的产品是否达到了预期效果？如果没达到，过程中出现了什么问题与不足？该怎么修正呢？

七、优化与改进

环节 1：优化改进胡蜂诱捕器

1. 分析情况：

（1）产品是否成功捕获胡蜂？校园关于胡蜂的安全问题是否解决？还出现了什么情况？

（2）使用无人机与红外线摄像机，实时观测胡蜂捕获情况并记录下来。

2. 优化改进：

（1）根据测试结果与数据分析，你们发现了什么问题？

（2）请进一步优化与改进设计，再次进行检测和修正，并画出修改后的设计图。

环节 2：产品应用及后续操作

1. 成功诱捕到胡蜂后，该怎么办？

2. 胡蜂蜇人的概率较大，你们能利用社交媒体等手段，来提醒校园师生注意胡蜂的存在和危险吗？

项目3 校园智慧菜园

——为盆栽制作小温室并安装自动灌溉装置

一、课例概述与教学目标

◎ 课例概述

寒假结束后，学生注意到小菜园里的许多植物都枯萎了。他们猜测这可能是缺水和低温造成的。于是，他们提出了一个问题：是否可以为小菜园建造一个具有保温功能的大棚，并安装自动灌溉装置，以帮助植物安全度过寒冷的冬季？在研究过程中，学生将深入学习结构的稳定性、3D技术的应用以及传感器的操作原理等相关知识。通过设计方案、搭建模型、测试与改进等一系列流程，他们的工程思维能力将得到提升，科学素养也会随之增强。此外，3D打印技术将使学生的设计从理论走向实践，从二维平面转化为三维立体，自动灌溉装置的设计则能让学生亲身体验到人工智能为日常生活带来的便利。

本项目适用小学中高年级（4~6人一组），建议课时：8课时。

◎ 教学目标

科学探究（S）：

（1）了解不同结构的稳定性不同，其中三角形的稳定性尤为显著。

（2）了解拱形的抗压能力及其背后的原理。

技术素养（T）：

（1）能够使用常用工具（老虎钳、剪刀、胶枪等）进行简单的连接。

（2）学会运用现代技术（3D 建模、传感器设计等）进行设计和制作。

工程目标（E）：

（1）按照自己的设计搭建温室模型。

（2）利用传感器等测试自动灌溉装置。

（3）愿意分享自己的想法，乐于尝试多种方案，完善温室模型和自动灌溉装置。

数学领域（M）：

（1）能够根据要求进行数据测量。

（2）能对工程成本进行预算和结算。

二、问题与聚焦

随着劳动教育的广泛推广，越来越多的学生能在校园内体验到种植的乐趣。在学校小菜园项目中，学生面临一个实际问题：寒假期间，如何避免植物因为寒冷或缺水而枯萎？为了解决这一难题，学生集思广益，最终决定建造一个大棚，并为其配备自动灌溉装置，以确保植物在寒假期间也能得到妥善的照料。

本项目的工程任务：制作一个能容纳宽 15 厘米、高 30 厘米植物的温室模型（图 1），并实现自动灌溉。

图 1　温室模型

三、调查与研究

环节 1：探究三角形的稳定性和拱形的抗压能力

图 2　埃菲尔铁塔

1. 认识三角形的稳定性。

思考：仔细观察埃菲尔铁塔（图 2）的构造和形状，探究其设计理念，并分析其中蕴含的科学原理。

____

____

（1）用橡皮筋和小木棍（图 3）拼搭出三角形和正方形，并拉伸或按压顶点。

图 3　橡皮筋和小木棍

（2）怎样改造容易变形的结构，让其变得稳固？

挑战任务：搭建一个比较稳固的正方体。

你们的方法：______________________________

要求：① 最多使用 16 根木棍；② 能够在上面放足够多的书。

你们的发现：______________________________

知识链接

三角形的稳定性是指三角形具有稳固、坚定、耐压的特点，当三角形三条边的长度均确定时，三角形的面积、形状完全被确定，这个性质叫作三角形的稳定性。对于四边形这样不稳定的形状，只要将其分解成若干三角形就可以大大增加其稳定性和支撑能力。

2. 了解拱形的抗压能力。

(1) 思考：观察拱桥和平桥（图 4），你们觉得哪种桥更抗压？请说出你们的理由。

拱桥

平桥

图 4　拱桥和平桥

(2) 探究：用 A4 纸、木块分别拼搭出拱桥和平桥，比较“桥面”的抗压能力。

材料：A4 纸、垫圈、木块，如图 5 所示。

A4 纸

垫圈

木块

图 5　A4 纸、垫圈、木块

你们的发现：________________________________

知识链接

拱形的桥面受力沿着拱的结构分散至拱足（图 6），所以拱形的桥面具有较强的抗压能力。

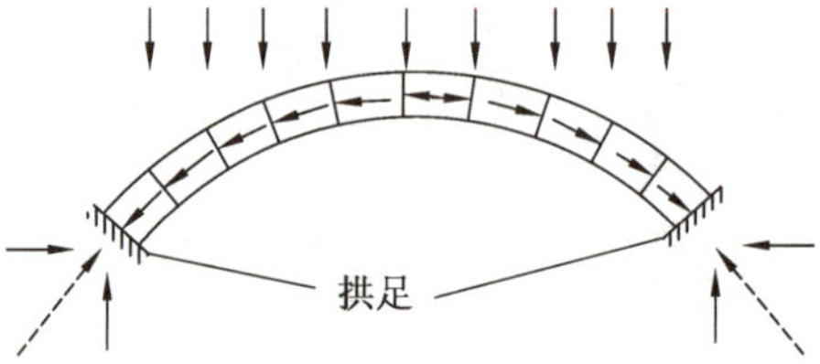

图 6　拱形受力情况图

环节 2：使用 3D One 软件制作菜园大棚模型框架

3D One 是一款依托自主三位 CAD 核心技术的三维创意设计软件，可进行设计、装配、编程、测试、3D 打印等。

1. 绘制拱形大棚主体。

在左侧工具栏中“基本实体”下子菜单中选择“六面体”，输入长、宽、高数值，如图 7 所示。

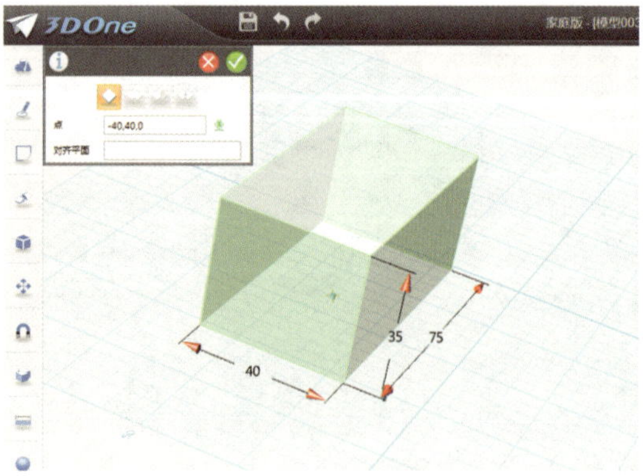

图 7　3D One 六面体图

在左侧工具栏中“特征造型”下子菜单中选择“圆角”，单击长方体的一条边并输入圆角半径的数值，单击另一条边并输入圆角半径的数值，如图 8 所示。

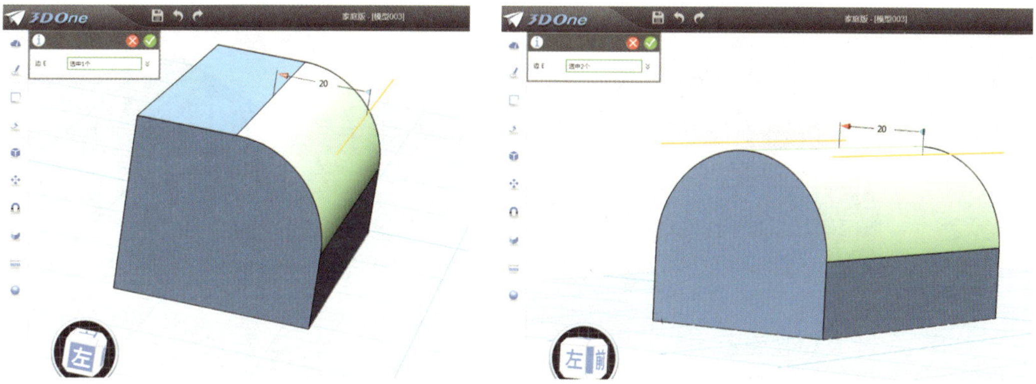

单边圆角图　　拱形图

图 8　利用 3D One 构建单边圆角图和拱形图

2. 绘制三角形大棚主体。

在左侧工具栏中“草图绘制”下子菜单中选择“多边形”，输入边数和角度，构建三角形。在左侧工具栏“特征造型”下子菜单中选择“拉伸”，输入三棱柱高的数值。(图 9)

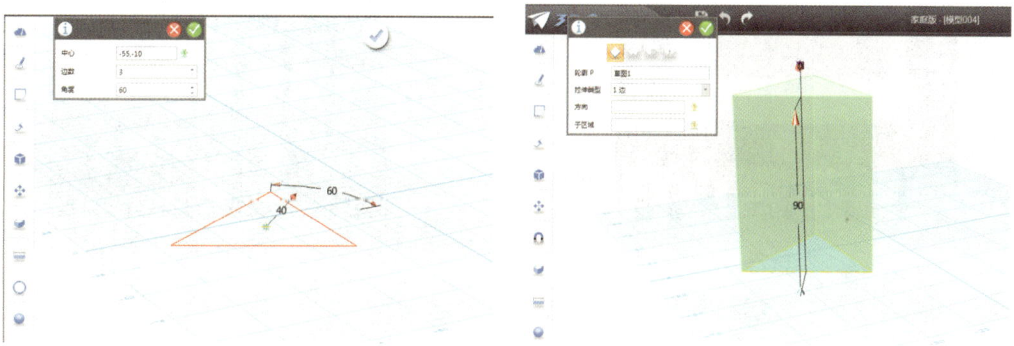

平面三角形　　三棱柱

图 9　利用 3D One 构建平面三角形和三棱柱

3. 形成框架。

在左侧工具栏中“特殊功能”下子菜单中选择“抽壳”，单击拱形面或三角形面为开放面，输入厚度值。(图 10)

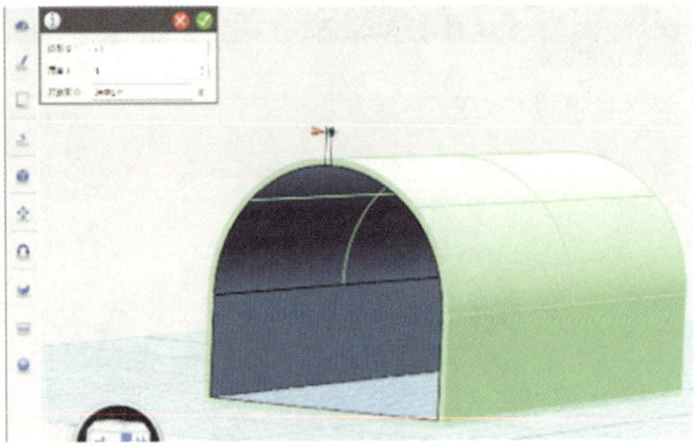

大棚模型图

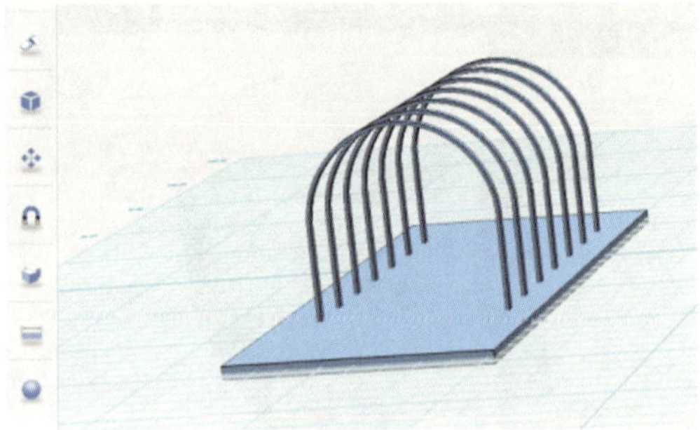

大棚框架图

图 10　利用 3D One 构建拱形大棚模型图和框架图

环节 3：认识自动浇灌系统

1. 认识掌控板和扩展板。如图 11 所示。

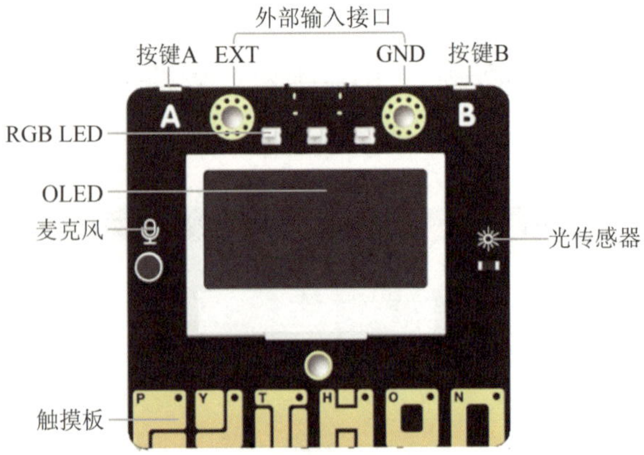

掌控板

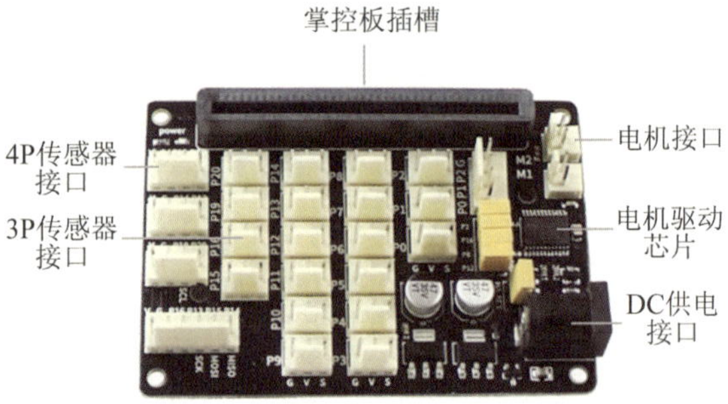

扩展板

图 11　掌控板和扩展板

掌控板是开展编程教育的好帮手，也是创客、编程爱好者的创作工具，可以用于图形或 python 编程，也可以造物，还可以轻松玩转物联网或是可穿戴应用。掌控板上集成了 ESP32 主控芯片及各种传感器和执行器，同时使用金手指的方式引出了所有 I0 口，性能强劲，扩展性强。

扩展板是通过掌控板提供的接口对系统进行功能扩展的一种硬件设备。将掌控板插入扩展板底座中间的卡槽即连接完成。

2. 认识土壤湿度传感器。如图 12 所示。

土壤湿度传感器表面采用镀镍处理，有加大的感应面积，可以提高导电性能，产品可以大范围测量土壤的湿度，能通过电位器调节控制相应阈值。当湿度低于设定值时，启动继电器吸合；当湿度高于设定值时，继电器断开。

（1）写出核心算法。

如果土壤湿度传感器测量值低于阈值，自动浇水装置通电，浇水开始。浇水超过固定时间或者土壤湿度高于阈值之后，装置自动停止浇水。

图 12　土壤湿度传感器

（2）画出程序流程图（图 13）。

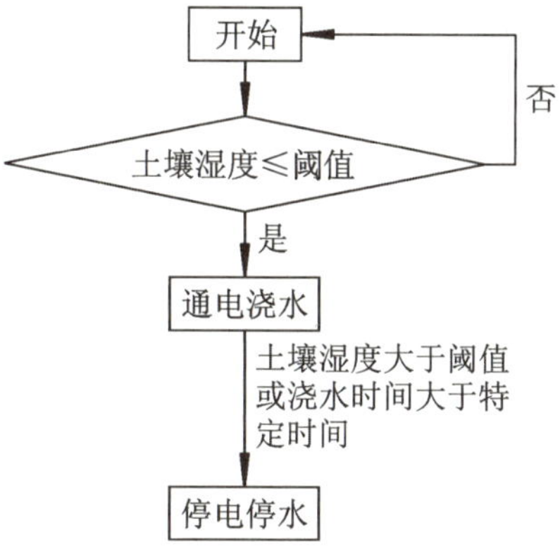

图 13　程序流程图

（3）编写程序，上传到掌控板中，并接入水源进行测试。（图 14）

编写程序

安装测试

图 14　编写灌溉程序并安装测试

四、分析与设计

环节1：思考并绘制思维导图

1. 思考。

（1）你们打算将温室设计成什么样的结构？这种结构有什么优点？

（2）你们能不能设计一种可以实现自动灌溉的智能装置？

（3）你们觉得有哪些困难？请列出来。

2. 绘制思维导图：

环节2：设计整体装置

1. 第一次设计：画出平面设计图并阐述设计意图，样例见图15。

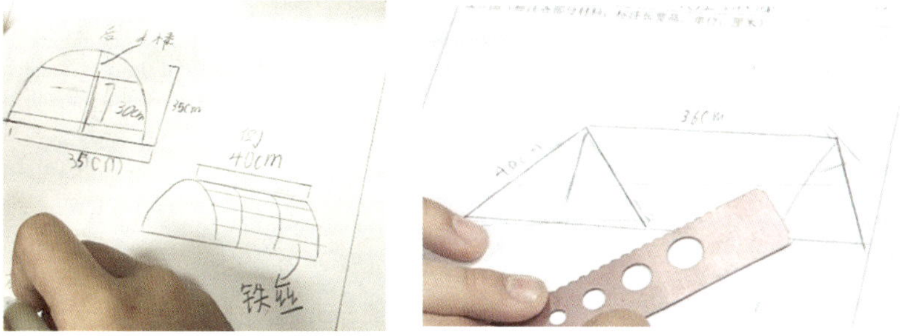

图 15 手绘设计图样例

2. 小组交流，从功能性和美观性两方面互相评价，并记录下别的小组对自己小组的评价（表 1）。

表 1 分析与设计评价表

评价小组	功能性（星级）	美观性（星级）
	☆☆☆☆☆	☆☆☆☆☆
	☆☆☆☆☆	☆☆☆☆☆
	☆☆☆☆☆	☆☆☆☆☆

3. 第二次设计：利用 3D One 软件设计 3D 模型，样例见图 16。

友情提醒：设计师在设计过程中要精准测量各项数据，并标注在设计图中。

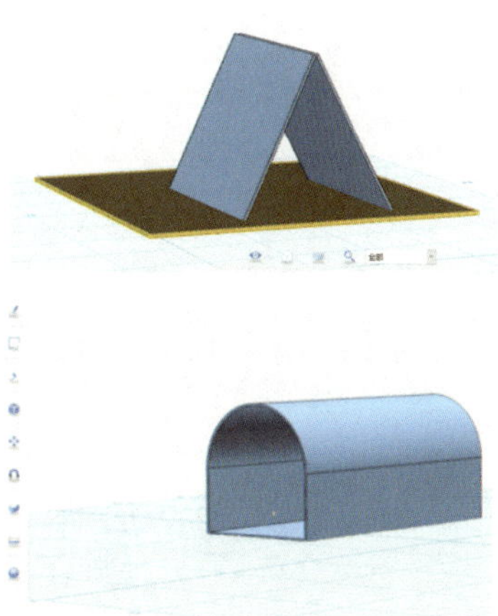

图 16 利用 3D One 设计的设计图样例

4. 对比第一次与第二次的设计图，谈一谈你们的想法。

五、选材与制作

项目资金：30 元。

任务：选择合适的材料并制作温室模型。

环节 1：选材

1. 制作材料如表 2 所示。

表 2　制作材料

序号	名称	单价	参考图片	规格
1	KT 板	8 元/张		长 50 cm，宽 40 cm，厚 1 cm
2	铁丝	1.5 元/米		直径 1.6 mm
3	吸管	0.2 元/根		长 26 cm，直径 6 mm
4	打包带	0.2 元/米		宽 1.4 cm，厚 0.15 cm
5	木棒 1	0.1 元/根		长 30 cm
6	木棒 2	0.2 元/根		长 50 cm
7	塑料薄膜	10 元/米		宽 1.8 m，厚 0.08 mm

续表

序号	名称	单价	参考图片	规格
8	玻璃纸	7 元/张		长 30 cm，宽 20 cm
9	橡皮筋	0. 1 元/20 根		直径 3. 8 cm
10	胶棒	0. 1 元/根		直径 1. 1 cm
11	透明胶带	3 元/卷	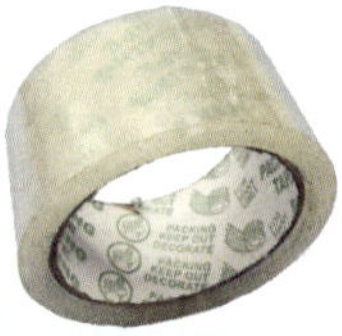	宽 4. 8 cm
12	双面胶	3 元/卷		宽 1. 2 cm
13	磁贴	0. 1 元/片		长 5 cm，宽 2 cm

（1）你们将选择什么样的材料制作温室模型？说一说你们选择的原因。

（2）根据设计图，测量模型的长、宽、高，计算出所需要的材料数量，并进行工程估价。本次建造大约需要花费多少钱？

2. 选择制作工具。

按照设计图选择合适的工具，制作工具如图 17 所示。

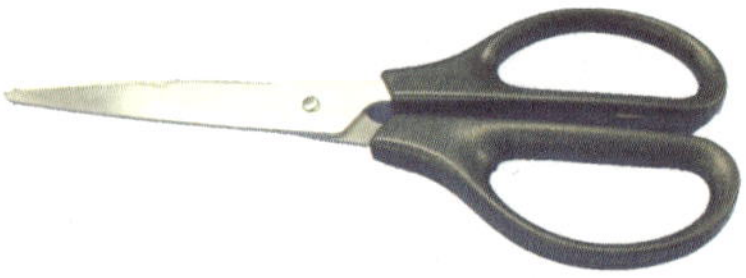
剪刀

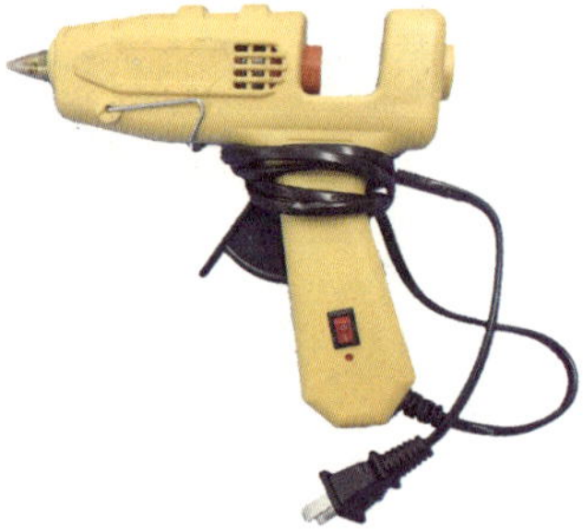
热熔胶枪

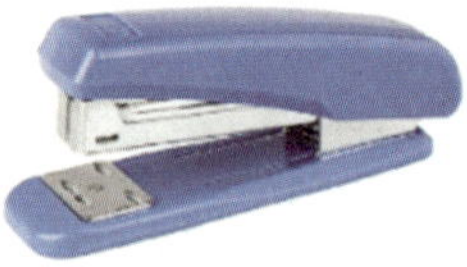
订书机

图 17　制作工具

环节 2：制作

1. 搭建框架，如图 18 所示。
2. 覆膜固定，如图 19 所示。
3. 完成温室模型的制作，如图 20 所示。

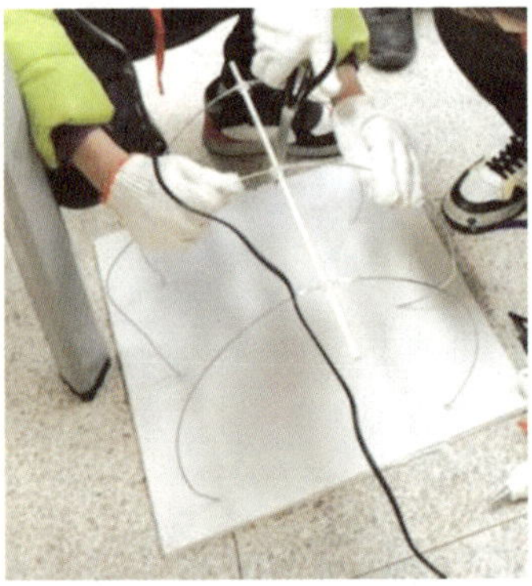
图 18　搭建框架

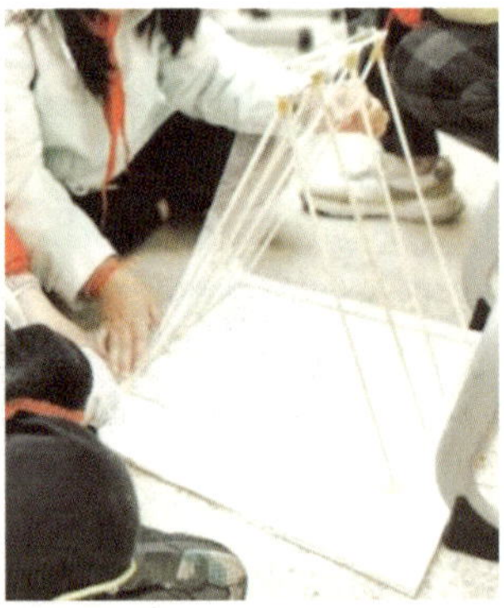
图 19　覆膜固定

图 20　学生制作的模型示例

六、测试与反思

环节 1：对温室模型进行测试

测试方法：

（1）用电风扇模拟自然风，测试温室模型的抗风能力，如图 21 所示。

（2）用浴霸模拟光照，测试温室模型的保温性。

（3）用植物测试模型的大小。

（4）各小组对模型的美观性进行投票。

（5）成本计算。

填写温室模型测试评价表（表 3）。

图 21 抗风测试实验

表 3 温室模型测试评价表

小组：		日期：	
分值	1 分	2 分	3 分
抗风能力	能抵御小风速	能抵御中等风速	能抵御大风速
保温能力	在小组中降温最多	在小组中降温中等	在小组中降温最少
模型大小	不能放进一盆植物	能放进一盆植物	能放进一盆植物，并留有合适的空间
美观性	在所有小组中得票数最低	在所有小组中得票数中等	在所有小组中得票数最高
材料成本	在所有小组中最高	在所有小组中处于中等水平	在所有小组中最低

环节 2：自动灌溉装置测试

给温室模型加上自动灌溉装置，检测装置能否自动喷洒和自动停止喷洒。

环节 3：根据测试效果进行评价与反思

1. 展示成果，并进行汇报。
2. 填写项目评价量表（表 4）。

表 4　项目评价量表

评价内容	活动要求	达成情况
考察	能积极开展温室资料的收集	
	能积极参与小组讨论活动	
设计	能合理利用材料开展温室模型设计	
	设计图容易理解，并标注尺寸	
操作	能在制作过程中合理分工，互相配合	
	能根据设计方案完成温室模型制作	
测试	能运用制作的温室模型完成测试	
	能根据测试结果调整温室模型的设计并进行改进	
展示	能表达温室模型设计的理念	
	能发现并与同学交流温室模型存在的问题及解决方法	
我的反思日志 问题 1：在这个项目中，学到了哪些知识？ 问题 2：这个项目中最有趣的活动是什么？ 问题 3：对自己小组搭建的温室模型是否满意？是否有进一步改进的想法？ 选择一个问题写一写：		

七、优化与升级

环节 1：针对水源问题，设计储水装置

在寒假期间，确保稳定的水源供应是亟待解决的问题之一。为了助力植物顺利度过寒假，我们将研究在温室中加入储水装置，为植物提供持续且充足的水分。

环节 2：针对无法及时关注植物生长问题，安装监控装置

为了解决无法及时关注植物生长情况的问题，我们将加入更多智能化装置，如温度监测和远程监控等，实现更智能、高效的管理。

项目4 校园幸福小屋

——为学校设计改造闲置亭

一、课例概述与教学目标

◎ 课例概述

本项目起源于学校社团每周的“快闪”活动，旨在展示各社团的独特魅力。但模型社团的成果为静态模型，无法像武术、音乐类社团的成果一样动态展出。面对这一难题，模型社团的学生们独具慧眼，发现了学校内一处闲置的亭子，并萌生了一个创意：将这座亭子改造成一个充满生机与活力的“校园幸福小屋”，用于展示他们的模型作品。

为了实现这一创意，学生从研究闲置亭改造案例入手，深入调查了师生对闲置亭的改造需求，进行了实地勘测，精心挑选所需材料，并投入了大量时间和精力进行设计与制作。此外，他们还积极收集反馈意见，不断完善和改进方案。这一过程锻炼了他们的工程设计和解决问题的能力，也增强了他们为学校建设出谋划策的主人翁意识。

本项目适用小学中高年级（4~6人一组），建议课时：6课时。

◎ 教学目标

科学探究（S）：

（1）能够通过探究，了解不同材料的内在结构和性能特点。

（2）能够掌握多种工具的使用方法，并学会选择高效省力的工具。

技术素养（T）：

（1）具备利用数字信息资源调查问题的能力，能够筛选出有价值的信息。

(2) 能够熟练地将各种工具和技术应用于产品的制作过程中。

工程目标（E）：

(1) 能够充分体现工程思想，通过绘制图纸来展示设计意图和实施方案，确保设计的合理性和可行性。

(2) 能够根据图纸搭建模型，通过实验探究其可行性。

数学领域（M）：

(1) 能够掌握勘探闲置亭的技巧，并对闲置亭各部分的尺寸进行精确测量。

(2) 能够运用数学方法汇总和分析测量数据，为闲置亭的改造提供准确的数据支持。

二、问题与聚焦

模型社团的学生注意到，随着时间的推移，社团内容越来越丰富，存放在科学教室的模型总是落灰，甚至会有损坏的情况。学校恰巧提出在人流量大的空旷处展示社团内容，而静态展示需要展台。为了方便展台的制作，节约成本，考虑到学校留有闲置亭（图 1），学生想要设计改造该亭，这样既可以解决展台问题，又可以提高学校资源的利用率，同时为其他社团或荣誉展出提供场所。

图 1　校园闲置亭

三、调查与研究

环节 1：搜集闲置亭利用案例

了解其他地方改造闲置亭的案例，填写表 1。

表1　改造闲置亭的案例

地区	改造特点	图片

环节2：师生的需求调查

1. 通过现场发放调查问卷的方式，调查师生对闲置亭的改造需求，调查问卷如下：

1. 您是否经常停留于学校的闲置亭？　（　　）

A. 是　B. 偶尔　C. 否

2. 您认为闲置亭哪个方面最需要改进？　（　　）

A. 外观设计　B. 使用功能　C. 环境卫生

3. 您希望闲置亭能够提供哪些功能或服务？　（　　）

A. 信息公开栏　B. 社团展示区　C. 特色体现区

D. 其他（请说明）：________

4. 您是否有其他关于闲置亭改造的建议或想法？

____

____

2. 将调查结果进行整合，绘制图表。

环节 3：闲置亭尺寸测量

选择使用科学的测量工具（图 2），测量闲置亭及其构成部分的尺寸，填写表 2。

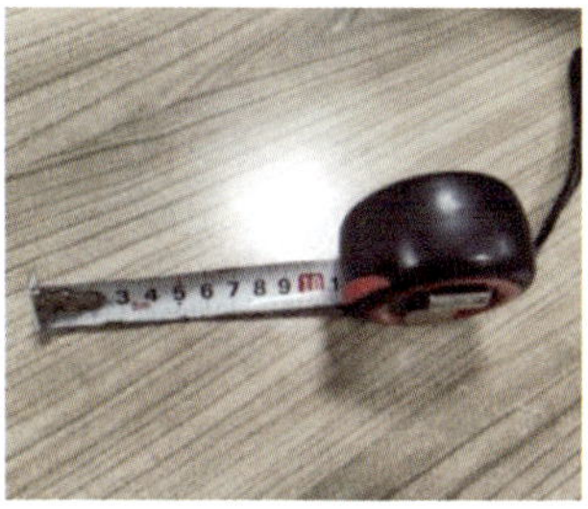
卷尺

软尺

直尺

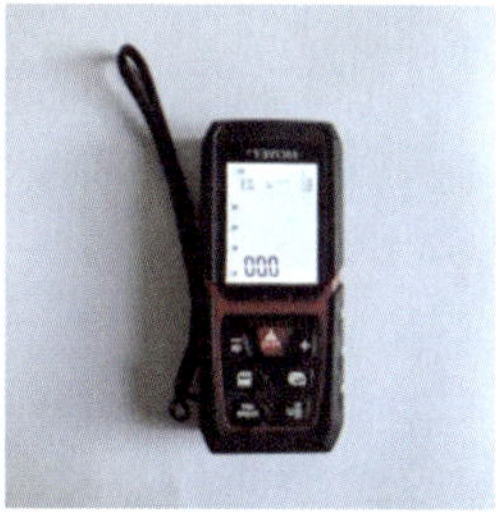
测距仪

图 2　四种测量尺寸的工具

表 2　闲置亭的相关数据

名称	长/米	宽/米	高/米
内径			
外径			
窗			
门			

四、分析与设计

环节 1：绘制思维导图

环节 2：分析改造闲置亭的实现方式

小组合作设计有案由和解决策略的闲置亭改造提案，图 3 是学生讨论后汇总的改造提案。

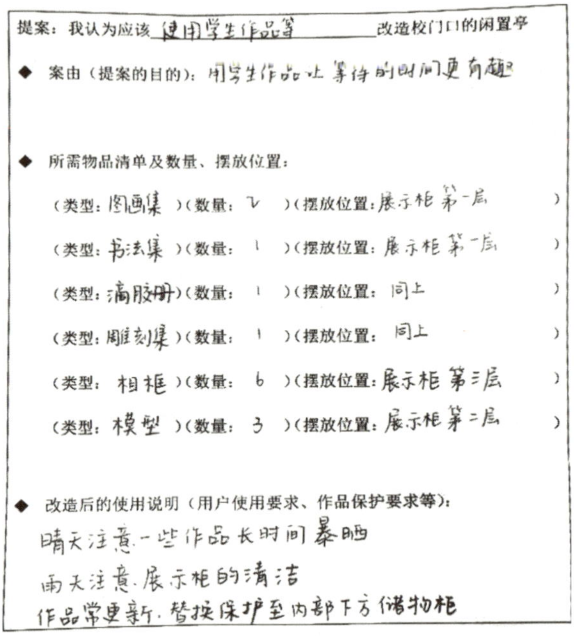
提案：我认为应该 使用学生作品等 改造校门口的闲置亭

◆ 案由（提案的目的）：用学生作品让等待的时间更有趣

◆ 所需物品清单及数量、摆放位置：

（类型：图画集）（数量：2）（摆放位置：展示柜第一层）

（类型：书法集）（数量：1）（摆放位置：展示柜第一层）

（类型：滴胶册）（数量：1）（摆放位置：同上）

（类型：雕刻集）（数量：1）（摆放位置：同上）

（类型：相框）（数量：6）（摆放位置：展示柜第三层）

（类型：模型）（数量：3）（摆放位置：展示柜第二层）

◆ 改造后的使用说明（用户使用要求、作品保护要求等）：

晴天注意一些作品长时间暴晒

雨天注意展示柜的清洁

作品常更新，替换保护至内部下方储物柜

图 3　讨论后汇总的改造提案

环节 3：绘制闲置亭的改造图纸

绘制包含精确的项目数据、位置等信息的闲置亭内外改造图纸（图 4、图 5）。

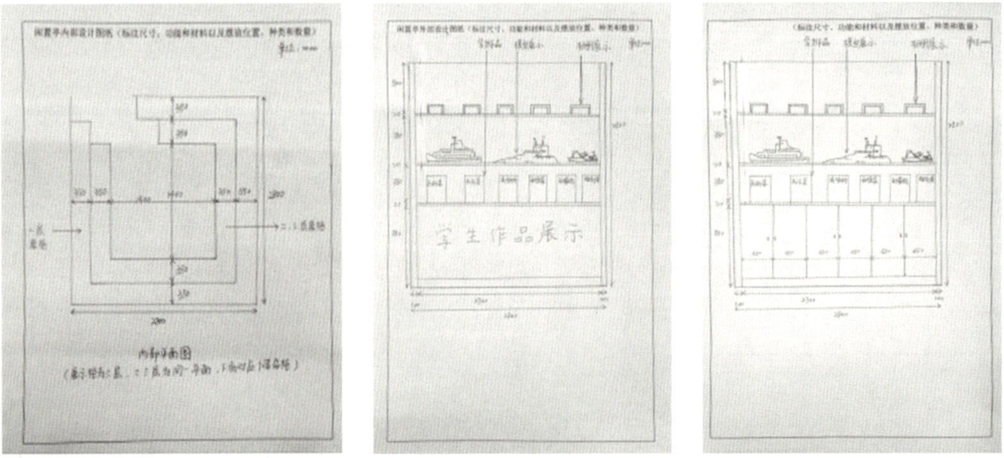

图 4　手绘图纸

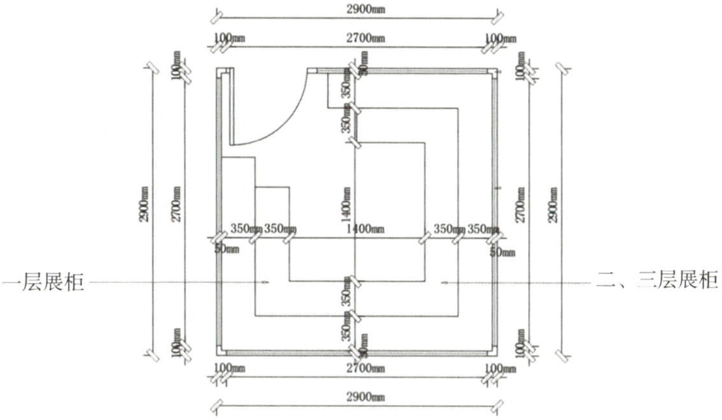

闲置亭改造平面图 （1:16）

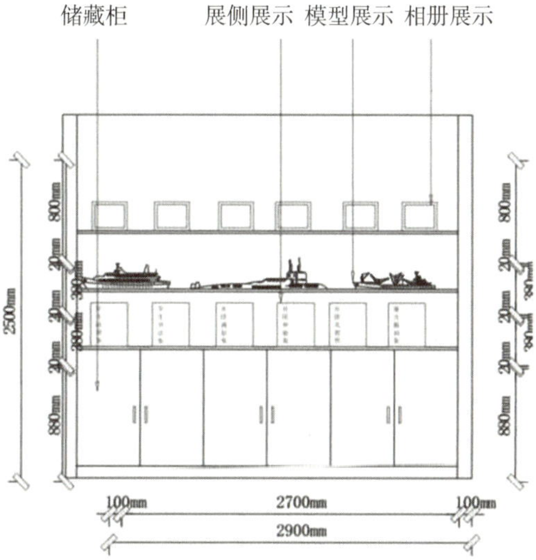

闲置亭改造立面图一（1:16）

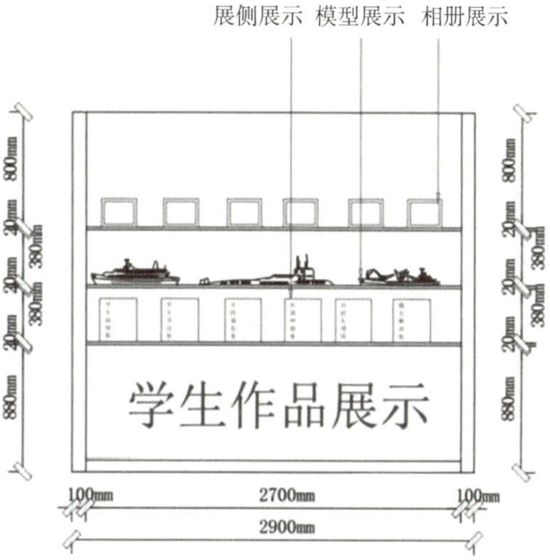

闲置亭改造立面图二（1:16）

图 5　优化后的图纸

绘制设计图纸的具体要求包括以下几点：

（1）图纸的比例应根据实际情况选择，以确保图纸的清晰度和准确性。

（2）除设计图外，图纸应包括图框、标题栏、比例尺、设计说明等内容。

（3）绘制图纸时，线条应清晰、均匀、平滑、无交叉、无断线，颜色和粗细应根据实际情况选择。

（4）符号标注包括尺寸标注、文字说明、箭头指示等，应符合规范要求，简洁明了。

（5）图纸的精度应根据实际需要和设计要求进行选择，一般应符合工程要求。

五、选材与制作

环节1：选择合适的改造材料

对比测试可供选择的材料，选择合适的改造材料。学校可提供的材料为木板、亚克力板、KT板、瓦楞纸板，如图6所示。

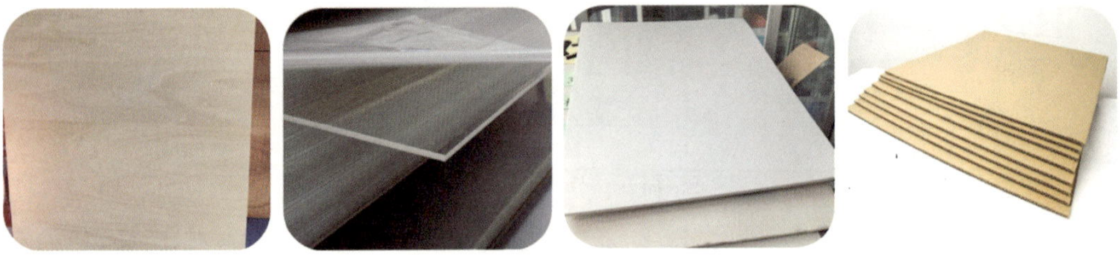

木板　　亚克力板　　KT板　　瓦楞纸板

图6　四种可供选择的材料

科学实验室提供用来测试材料的抗风能力、抗震能力、防暴能力、承重能力、防水能力、防火能力的工具，如风扇、震动模拟器、喷壶等（图7）。参考表3，将测试结果填写在表4内。

图7　测试工具

表 3 材料测试参考评分表

项目	1 分	2 分	3 分
抗风能力	能抵御 1 级 （小风速）风吹	能抵御 2 级 （中等风速）风吹	能抵御 3 级 （大风速）风吹
抗震能力	能抵御 1 级 （轻微）震动	能抵御 2 级 （较强）震动	能抵御 3 级 （强）震动
防暴能力	能抵御 1 级 （轻微）击打	能抵御 2 级 （较强）击打	能抵御 3 级 （强）击打
承重能力	无法承重或承重能力在所有材料中的最弱	承重能力在所有材料中处于中等水平	承重能力在所有材料中最强
防水能力	能抵御 1 级 （小雨）雨水	能抵御 2 级 （中雨）雨水	能抵御 3 级 （大雨）雨水
防火能力	能抵御 1 级 （小火）火烧	能抵御 2 级 （中火）火烧	能抵御 3 级 （大火）火烧
材料成本	材料成本在所有材料中最高	材料成本在所有材料中处于中等水平	材料成本在所有材料中最低

表 4 材料测试表

项目	木板	亚克力板	KT 板	瓦楞纸板
抗风能力				
抗震能力				
防暴能力				
承重能力				
防水能力				
防火能力				
材料成本				

根据四种材料的测试结果，木板的抗风、抗震、防暴、承重能力在四种材料中处于中上水平，亚克力板各项能力都不错且透明，瓦楞纸板各项能力一般，但成本低。综合考量下，我们决定选用木板为改造底柜的材料，亚克力板为制作透明展柜的材料，瓦楞纸板为制作校园幸福小屋模型墙体等的支撑材料。

环节 2：制作模型

根据选择的材料制作模型（样例见图 8）。

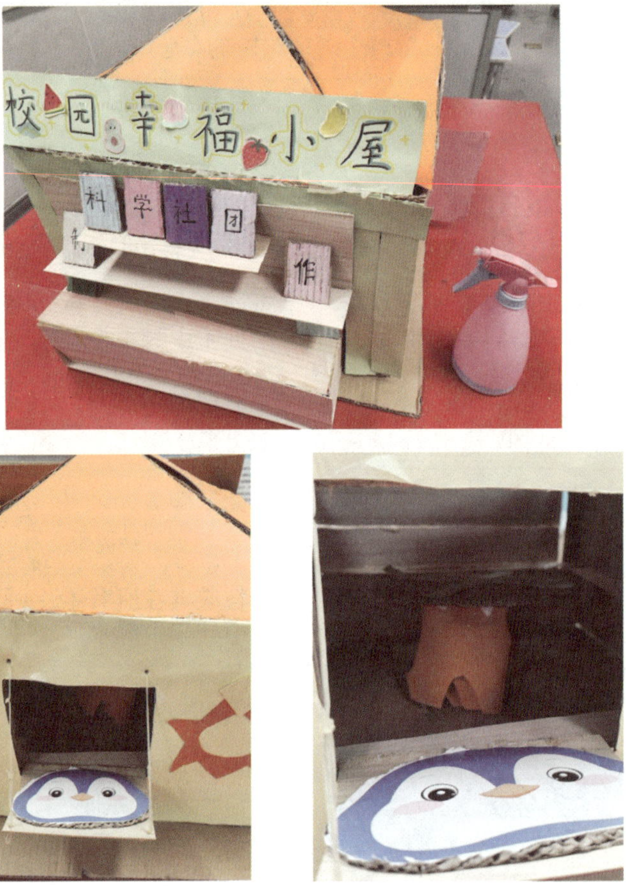

图 8　学生制作的模型样例

六、测试与反思

环节 1：测试模型的各项性能

完成模型后，利用测试工具，根据表 3，测试其各项性能，将结果填入表 5。

表 5　模型测试表

项目	抗风能力	抗震能力	防暴能力	承重能力	防水能力	防火能力
评分						

环节 2：邀请师生评价

为进一步测试模型，我们将完成的模型展示在教学楼大厅，邀请师生对模型进行评分，并记录在表 6 中。

表 6 师生评价表

项目	1 分	2 分	3 分	评分
功能是否齐全	不足	一般	齐全	
美观度	外观粗糙	外观尚可	外观美丽	
坚固度	不坚固	较坚固	很坚固	
环境适应度	容易被环境影响	较容易被环境影响	不容易被环境影响	

环节 3：反思如何延长改造后的闲置亭的使用寿命

经过多轮严谨的测试，我们深入观察了模型测试时的实际表现，发现模型在防水能力、防火能力、防暴能力等环境适应度方面存在缺陷，这会影响成品的使用寿命。对于这一问题，我们深感需要进一步优化模型，延长成品的使用寿命。

在坚固度方面，模型的表现较好，它能够为陈列物品提供较稳定的支持。然而，在功能方面，我们注意到由于师生对不同功能区的兴趣程度不同，他们对于功能是否齐全的评价存在一定差异。有的人认为功能区应该有主次、大小之分，有的人认为功能区不够多样化。我们将积极听取师生的意见，力求在体现功能多样化的同时，突出展示的主题，并增强其美观度。

七、优化与升级

环节 1：针对环境适应度较差的升级

针对模型在防水能力、防火能力、防暴能力等环境适应度方面存在的缺陷，为了延长成品的使用寿命，我们认为可以通过在校园幸福小屋相应处增加防水材料、填充防火材料以及嵌入金属材料的方法来解决这个问题。

环节 2：未来闲置亭的设计与升级

设计更多元化的闲置亭（样例见图 9）。

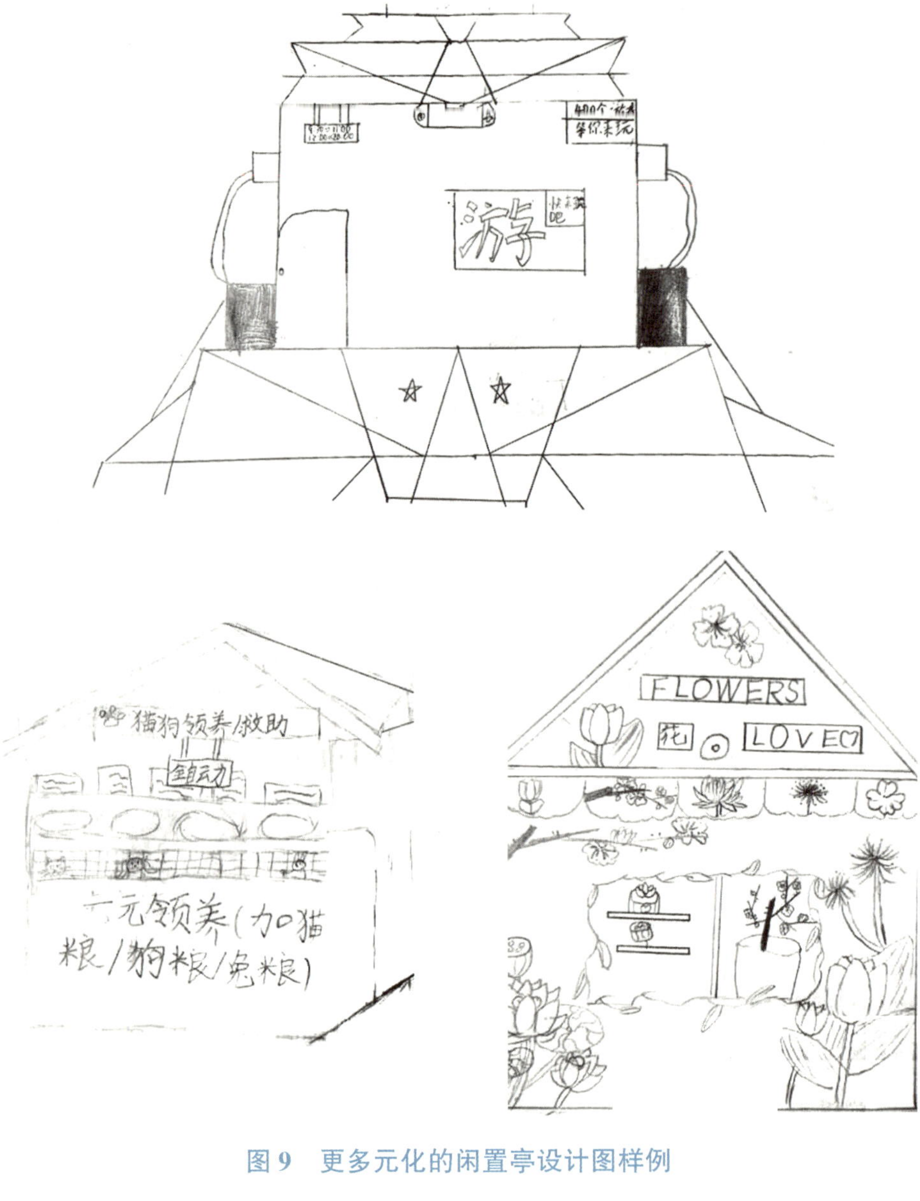

图 9　更多元化的闲置亭设计图样例

项目5 护栏卫士

——给护栏设计一个易于植物养护、利于学生安全的花架

一、课例概述与教学目标

◎ 课例概述

本项目源于学生对校园安全事件的深刻反思。在课间，一名学生的耳朵被护栏花架刮伤，引发了学生对花架安全设计的思考。本项目围绕这一真实问题，指导学生通过发放调查问卷，系统搜集花架存在的问题，深入研究制作花架的材料、花架的形状、植物种类及养护等关键因素。学生利用易得的低成本材料，设计并制作安全花架，经历完整研究过程，掌握研究工程类项目的基本步骤，加深对科学规律的理解。这一过程将促进学生形成迁移至实际生活的工程思维，实现真正意义上的STEM学习。

本项目适用小学中高年级（4~6人一组），建议课时：5课时。

◎ 教学目标

科学探究（S）：

（1）知道常见材料（铁、塑料、泡沫、橡胶等）的特点，学会将不同材料应用于特定场景。

（2）了解不同形状（方形、椭圆形、圆形）的特点。

（3）知道简单的设计问题存在限制条件，并有多种设计方案。

（4）知道简单工程存在一定约束条件。

技术素养（T）：

（1）了解物体和材料，对材料的性质、类别和功能有初步的认识和了解。

（2）通过查阅资料了解产品性能的测试方法。

（3）能学会使用相关设备（如电烙铁）进行切割。

工程目标（E）：

（1）能通过实践与操作验证自己的猜测、物化设计，并通过测试进行改进和优化。

（2）能用绘画或其他方式记录学习过程和结果，知道记录的重要性，有自己的工程笔记。

（3）具有初步的构思、设计、实施、验证与改进的能力。

数学领域（M）：

（1）能使用直尺、软尺较准确地测量护栏的宽度、高度，会用常用单位记录测量结果。

（2）能利用百分比对问卷调查结果进行分析。

（3）能初步使用文字、数字、图画、图表或其他符号，记录、分析学习活动的过程与结果。

二、问题与聚焦

学校教学楼走廊一侧设有1米高的镂空护栏，课间常有学生倚靠在上面嬉戏玩耍，存在跌落风险。为降低这一风险，学校试点在部分楼层安装了铁质方形花架（图1），花架采用挂钩形式固定在护栏上，内置种植植物的花盆并定期更换。然而，此举是否能有效引导学生远离护栏，以及是否导致新的安全隐患，尚需科学评估。

图1 试点安装的花架

本项目的工程任务是给护栏制作一个易于植物养护、利于学生安全的花架。把你们的想法用图画或文字记录下来吧！

三、调查与研究

环节1：调查花架引起的安全问题

目前安装的花架产生的问题都有哪些呢？

1. 头脑风暴。

在小组内讨论，记下你们的想法吧！

2. 问卷调查。

在试点安装花架的楼层，学生对目前安装的花架有怎样的评价呢？请设计一份调查问卷了解他们的真实想法。调查问卷包含以下问题：

（1）目前安装的花架能使学生远离护栏吗？

（2）目前安装的花架是否存在安全隐患？

（3）目前安装的花架存在的安全隐患是什么？

把问卷投放到教室外面的走廊上试点安装花架的班级，调查目前安装花架的“真实用户”的体验。经过对问卷结果进行分析，写一写你的发现。

发现：（1）有______%的同学认为花架能使学生远离护栏，而______%的同学认为花架不能使学生远离护栏，因为____。

（2）有______%的同学认为目前安装的花架存在安全隐患。

（3）目前安装的花架存在的安全问题：

____

____

3. 花架市场调查。

目前，市场上的成品花架有哪些类型？价格如何？通过网络查询、市场走访等形式了解吧！

____

____

环节2：测量护栏尺寸

为了设计更加安全的花架，我们有必要对现有的护栏进行实地勘察与测量。具体来说，我们需要准确测量护栏的高度、宽度以及厚度。同时，对于护栏相邻两根柱子之间的距离也应进行测量。将测量数据记录在表1中。这些数据将为花架的设计提供重要的参考依据，确保新设计的花架能够与护栏高度适配，同时最大程度提升其安全性。

表1　护栏尺寸测量数据记录

名称	高度/cm	横杆宽度/cm	横杆厚度/cm	相邻两根柱子间的距离/cm
数值				

环节3：对制作花架的材料进行冲击测试

冲击测试是科学评估材料抗冲击性能的关键手段之一。在本模拟实验中，我们采用以下步骤对制作花架的材料进行冲击测试：

（1）选用橡皮泥模拟人体，它能够较好地模拟人体在冲击过程中的质量和形变特性。

（2）将木块、铁块、塑料块分别平稳放置在桌面上，作为被冲击的目标材料。

（3）从预设的一定高度，使橡皮泥自由落下，对木块、铁块、塑料块进行冲击。

（4）细致观察并记录橡皮泥在冲击后的变形程度，以此间接评估不同材料在冲击作用下的抗冲击性能。

通过上述步骤，我们可以科学、准确地评估不同材料（图 2）在模拟冲击条件下的性能表现，为材料选择和结构设计提供有力依据。

方形塑料块　　方形木块　　方形铁块　　球形铁块

图 2　测试材料

完成你们的冲击测试，将实验现象记录在表 2 中吧！

表 2　不同材料、形状的物体的冲击测试表

名称	方形塑料块	方形木块	方形铁块	球形铁块
橡皮泥的变形程度				
我的发现				

知识链接

1. 塑料类型及其特性概述：

（1）聚乙烯（PE）：可分为高密度聚乙烯、低密度聚乙烯等。高密度聚乙烯因其出色的耐用性，常用于制造瓶子、水桶和管道等；而低密度聚乙烯则因其轻质的特性，广泛应用于薄膜和袋子等产品的制造。

(2) 聚丙烯（PP）：聚丙烯以其高耐用性和强度著称，常用于家具、汽车部件以及电器外壳的制造。

(3) 聚氯乙烯（PVC）：因其优良的耐候性和化学稳定性，被广泛应用于管道、窗户框架以及地板的生产。

(4) 聚苯乙烯（PS）：聚苯乙烯是一种轻质但易碎的塑料，常用于制造泡沫材料和一次性餐具。

(5) 聚碳酸酯（PC）：因其高强度和透明性，在眼镜、瓶子和电器外壳等生产中有广泛应用。

(6) 丙烯腈-丁二烯-苯乙烯共聚物（ABS）：具有高强度、高韧性和易加工性等特点，常用于汽车和电子产品外壳的制造。

2. 木材特性分析：木材作为一种天然材料，由中空的细胞构成，细胞间的纹孔相通，使其易于加工。与钢铁、石材相比，木材的加工更为简便，可通过胶、钉、榫等方式实现牢固连接。木材具备较好的弹性和韧性，能承受一定冲击和震动，其多孔性有助于吸收冲击能量，抵抗大变形而不易折断。此外，木材还具有调温解湿功能，对环境有良好的调节作用，且强重比优于一般金属，即其轻质而强度高。然而，由于木材具有易燃性、易朽性、不耐虫蛀以及干缩湿涨等特性，所以需要在使用过程中采取相应的防护措施。

3. 铁的特性及其应用：铁是一种常用的金属，具备优良的延展性、导电性和导热性。作为人类较早发现和使用的金属之一，铁在商代就已用于兵器制造。铁在建筑、制造、运输等行业有着广泛的应用，是这些行业的重要原材料。然而，铁易生锈，当其与氧气和水接触时，会发生氧化反应生成铁锈，降低其强度和耐久性。因此，在使用铁制品时，需要进行防锈处理以延长其使用寿命。随着科技进步，通过合金化处理，可以制得不锈钢等具有特殊性能的铁合金，满足不同领域的需求。

四、分析与设计

环节1：小组讨论解决方法

小组讨论，面对安装花架产生的问题，你们有什么解决方法吗？

环节2：绘制花架设计图

1. 方案设计。

任何设计方案都需严格满足既定要求，本项目的总体要求如下：① 必须维持护栏原状，不得进行改动；② 必须确保安全性能，避免任何潜在的安全风险；③ 必须合理控制成本，实现经济效益最大化；④ 安装方式需简洁高效，便于实际操作；⑤ 兼顾植物养护的便捷性，确保植物的健康生长。

在下面的设计单上，请运用清晰的图画和简要的文字，充分展示你们的设计思路和创新想法吧！

2. 方案评价。

你们认为这个方案是否能解决“问题”、满足“要求”？完成评价表（表3），在相应框中画“√”。

表3 方案设计评价表

项目	不能	基本可以	能
解决铁制材料硬的问题			
解决铁易生锈的问题			

续表

项目	不能	基本可以	能
解决花架有尖锐棱角的问题			
解决花架间有空隙的问题			
解决水溢出导致地面湿滑的问题			
解决落叶不卫生的问题			
解决花纹不平整的问题			
不改变护栏			
安全			
控制成本			
安装方式简单			
易于植物养护			

五、选材与制作

如采用市场成品花架或委托工厂定制花架，成本高、周期长，需学校审批。废弃的矿泉水瓶、泡沫包装箱等材料，具有极大的再利用价值，你们能否巧妙运用这些材料，设计并制作出独具特色的花架？

环节1：依照设计图选择工具、材料

以下工具与材料可供选择（图3）：

矿泉水瓶（0.5元/个）、泡沫箱（4元/个）、扎带（0.1元/根）、麻绳（0.6元/米）、铁丝（0.2元/根）、双面胶（1元/卷）、电烙铁、剪刀、老虎钳、卷尺、美工刀。

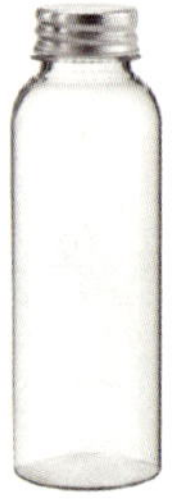
矿泉水瓶

泡沫箱

麻绳

扎带

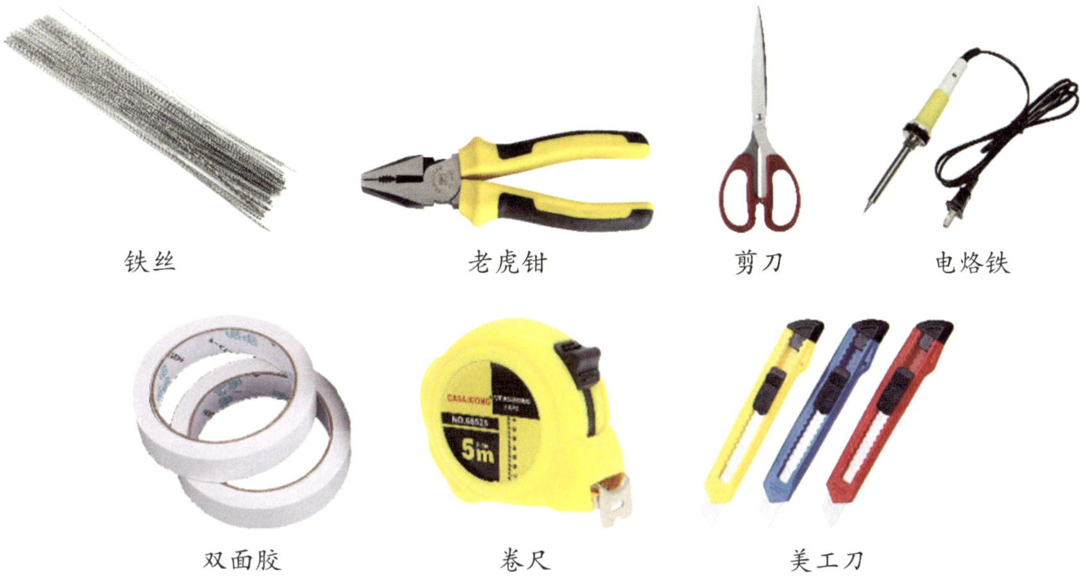

图 3 可供选择的工具与材料

在预算不超过 30 元的情况下你们会怎样选择所需的材料呢？请填写表 4。

表 4 材料清单表

材料	单价	数量	总计

选择的工具：______________________________。

环节 2：学会使用电烙铁切割材料

1. 电烙铁切割材料的步骤：

（1）接通电源，打开开关预热。

（2）将电烙铁头放置在待切割位置，边按压边拖动形成所需图案。

（3）切割后，将电烙铁放置在防烫架上冷却。

（4）使用完毕，切断电源。

你们能说一说使用电烙铁须注意什么吗？

2. “小试牛刀”——用不同工具切割矿泉水瓶，对比切割效果，并将其记录于表5。

表5　不同工具切割效果对比表

工具	是否容易切割（1很难，2比较难，3比较容易）	切口平整度（1很不平整，2基本平整，3比较平整）	切口锋利程度（1很锋利，2不太锋利，3不锋利）
剪刀			
美工刀			
电烙铁			

结合上述实验结果，你们选择的切割工具是＿＿＿＿＿＿＿＿。

操作方法是＿＿＿＿＿＿＿＿。

环节3：绘制设计图、制作花架

1. 方案设计。

选择矿泉水瓶或泡沫箱作为原材料制作花架，请绘制设计图。

2. 制作。

（1）用记号笔在瓶身上画出需要切割的位置。（图 4）

（2）用电烙铁沿着标记线切割。（图 5）

（3）用麻绳、扎带等进行连接或固定，并装饰。（图 6）

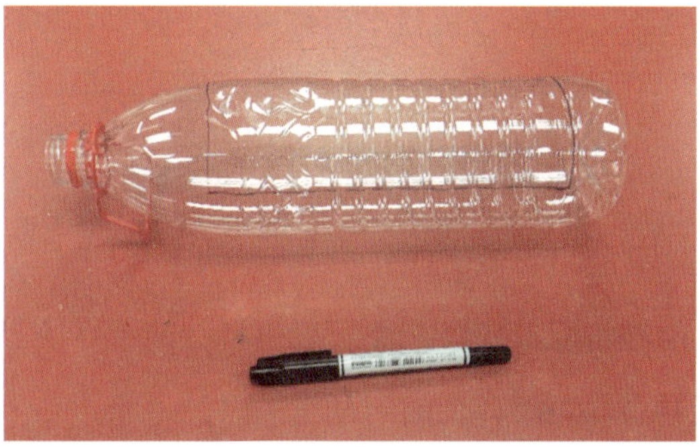

图 4　画线

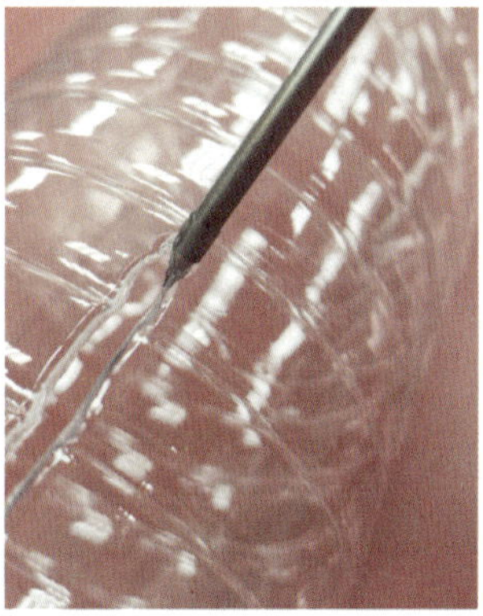

图 5　沿线切割

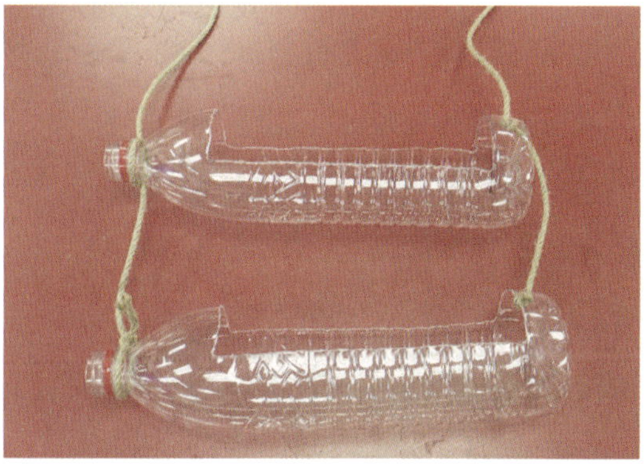

图 6　连接

在制作花架时，你们用到了什么工具？是怎么操作的？

六、评价与反思

1. 在制作过程中，你们遇到了什么问题？

2. 对于制作时遇到的问题，你们有什么解决方法？

3. 填写项目学习综合评价表（表6）。

表6　项目学习综合评价表

	评价内容	自我评价
学习评价	积极参与制作花架相关的技术研究	☆☆☆☆☆
	在活动中，能够和组员分工协作	☆☆☆☆☆
	在活动中，能够与组员积极交流，表达自己的观点或想法	☆☆☆☆☆
	运用调查问卷获取花架存在的问题	☆☆☆☆☆
	通过市场走访、网络等调查花架样式	☆☆☆☆☆
	掌握了制作花架的流程	☆☆☆☆☆
	能够对设计方案进行分析，并根据分析结果改进设计方案	☆☆☆☆☆
	在进行材料选择时，能够控制成本	☆☆☆☆☆
	能够和同学分享活动过程	☆☆☆☆☆
	能够客观评价作品	☆☆☆☆☆
学习总结	成功的经验：	
	失败的原因：	

七、优化与升级

1. 经过对项目学习的评价和反思，优化花架设计图吧！

2. 从校园安全员的角度观察校园环境，你们还发现了哪些安全隐患？

第二篇

地方特色篇

项目1 笔外有“山”

——设计制作带有辅助功能的毛笔

一、课例概述与教学目标

◎ 课例概述

毛笔作为书写工具，在学生的书法学习中消耗很大。市面上毛笔的价格动辄十几元，贵则大几十，我们能否像古人那样，运用大自然中的材料，自己动手制笔呢？本项目以制笔为实践活动的主线，聚焦如何利用校园小竹园中的竹子，解决学生容易丢失笔山、握笔姿势不正确等问题，依据项目学习的整体流程，通过设计、制作、产品检测并迭代的方式，使学生在解决实际问题的过程中主动学习、探究，有效提升学生的跨学科素养和综合实践能力。

本项目适用小学中高年级（4~6 人一组），建议课时：8 课时。

◎ 教学目标：

科学探究（S）：

（1）设计改变物体的结构，优化其特征和功能。

（2）能利用三角形结构的稳定性固定物体使其不容易变形。

技术素养（T）：

（1）能使用卷尺、游标卡尺、锯子等工具进行加工制作。

（2）能结合非遗项目毛笔制作技艺，来制订合适的毛笔制作方案。

（3）能利用硅胶给设计巧妙的笔杆翻模，利用滴胶技术复制出更多的笔杆并加以文创设计。

工程目标（E）：

通过对一支笔从制作到辅助功能的设计、完善与创新等活动，培养工程思维。

数学领域（M）：

（1）能对毛笔各部分尺寸进行测量与计算。

（2）能根据实际笔杆的大小推测出翻模、制模所需材料。

（3）能根据实际情况从性价比等方面考虑，对自制与网购做出适合的选择。

二、问题与聚焦

竹子的生长速度极快，适宜的环境能让它"野蛮"生长，甚至变得杂乱无章，所以为了保持美观，学校的花匠定期要对小竹园里的竹子（青竹）进行修剪，而修剪下来的竹竿几乎全被丢弃了。从回收再利用的角度出发，你们有什么好的建议能让这些修剪下来的竹竿变废为宝呢？请把你们的想法记录下来。

竹子在生活中有许多用途，值得我们去探索。在日常书法课中，需要准备的文具很多，除了笔、墨、纸、砚，还有笔帘、毛毡和笔山等。其中，最容易忘带或弄丢的就是这小小的笔山。对于初学毛笔字的学生来说，没有笔山搁笔，毛笔会滚得到处都是墨，同时，纠正握笔姿势也是一个难题。

针对这样一个发生在我们课堂上的真实问题，利用这些修剪下来的竹竿，设计制作一款带有笔山功能的毛笔是不是很有意义，也具有挑战性呢？请把你们的想法记录下来。

三、调查与研究

环节 1：了解毛笔的结构及制作技艺

1. 认识毛笔的结构（图 1）。

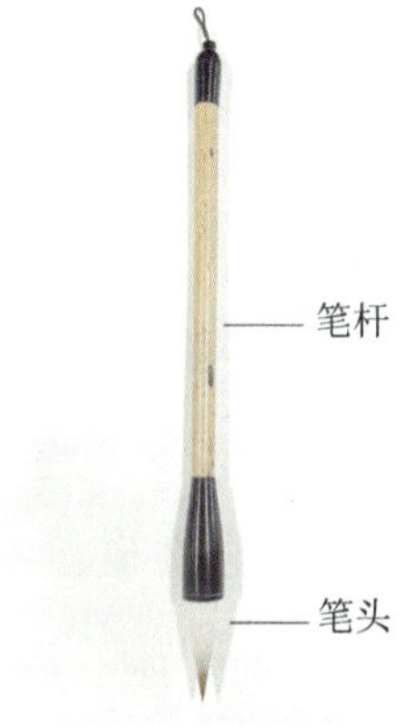

图 1　毛笔结构图

毛笔主要可以分为笔杆与笔头两部分。除此之外还有哪些部分？

2. 了解毛笔的制作技艺。

手工制作毛笔需先用动物的毛扎成笔头，再将其粘在管状的笔杆上。学生通过观看毛笔制作视频感受纯手工制作毛笔的工艺水平和传承人的匠人精神。

3. 思考讨论。

（1）制作笔头的工艺流程复杂，全凭手感、目测制作，专业性强，而且需要一定经验的积累。短时间内要做出“圆、尖、健、齐”的笔头相当困难，你们有其他的办法吗？

（2）如果用竹竿做笔杆，笔头选择网购，除了价格之外，你们还会考虑哪些因素呢？

4. 产品调查：学生普遍使用的毛笔是哪一种（或几种）？它的价格是多少？

毛笔结构简单，但是制作一支毛笔需要近百道工艺。从实践层面，我们可以把竹竿加工成笔杆，笔头可以通过自己做或购买获得，也可以用旧毛笔上的笔头。

环节2：学习使用一些常见工具来截取竹竿

1. 探究活动：以常用的毛笔为标准，选择合适的工具（图2）截取长度为20~22厘米，直径约为1厘米的竹竿。

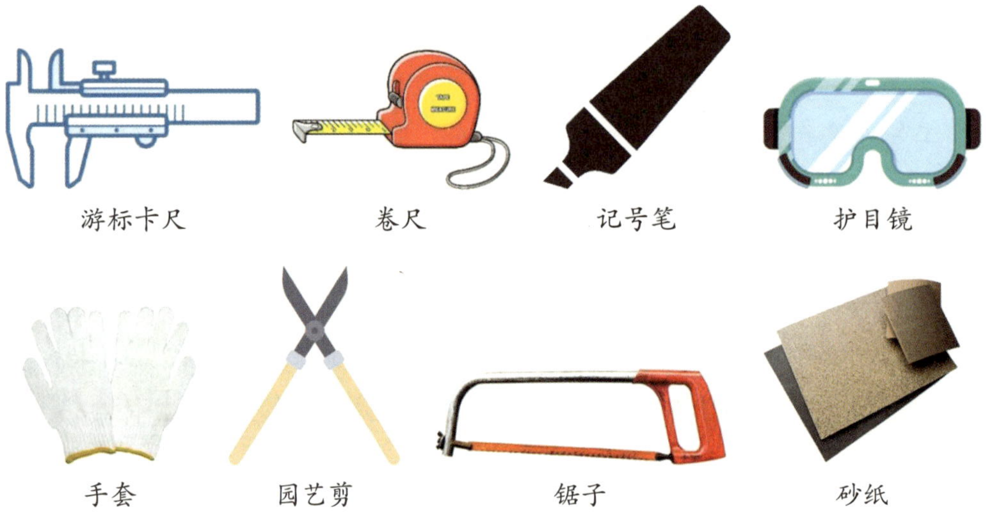

图2　截取竹竿的工具

（1）利用游标卡尺、卷尺量出所需竹子的粗细、长度，并用记号笔标注。

（2）戴好护目镜、手套等护具。

（3）选择合适的工具来截取竹竿。

① 使用锯子。

a. 检查锯条安装是否牢固，防止折断或锯歪。

b. 一手扶住竹竿，另一手拿锯子，斜45度角起锯。

c. 锯割时，思想集中，防止锯条折断或弹出伤人。

d. 快锯断竹竿时，速度要慢，用力要轻，一手扶住竹竿将被锯断的部分。

② 使用园艺剪。

a. 两人分别扶住竹竿两端。

b. 把竹竿需剪断处放置在剪刀口上，扶竹竿人的手要远离剪刀口，确保安全。

c. 剪切时，思想集中，用力均匀，一气呵成，一刀剪断。

分别尝试用以上两种工具截取竹竿。

你们的发现：

(4) 用砂纸将切割处打磨光滑。

你们学会怎么使用工具来截取竹竿了吗？说说你们的感受吧。

2. 挑战任务：有过“节”的笔杆。

根据实际观察，一根长 2 米左右的青竹中，两个竹节之间距离大于 22 厘米且直径大约为 1 厘米的只有 1～2 段。为了不浪费材料，如果笔杆中可以带竹节（图 3），你们还能截取几根笔杆？快来尝试一下吧！

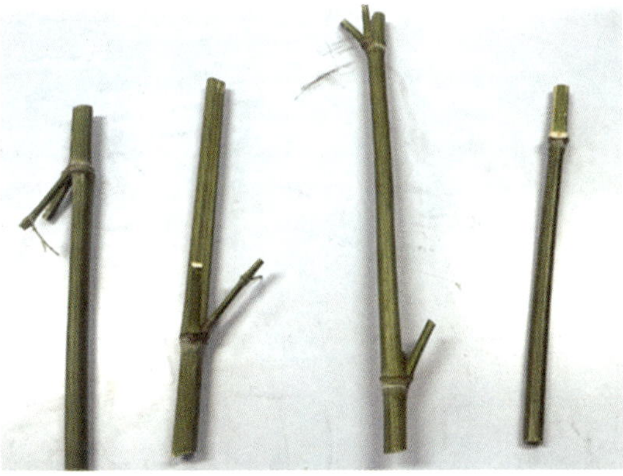

图 3　带有竹节的笔杆

一个看似简单的活动，我们通过动手实践，会发现截取笔杆时，比起园艺剪，锯子是更加适合的工具。在不浪费材料的前提下，我们利用数学思维获取更多的制作材料。

环节 3：学习翻模、滴胶技术

那些又直又圆的竹竿可是制笔的好材料，为了获取更多的材料，我们能去竹园里肆意地截取竹子吗？显然不行。让我们来学习一种新技术吧！

1. 硅胶翻模。

（1）先用亚克力板或瓦楞纸等材料制作一个围挡，也叫外模（图 4）。

图 4　外模

（2）将需要翻模的物体（也叫母模）表面涂抹凡士林或喷脱模剂。

（3）在一次性塑料容器中按比例将硅胶（图 5、图 6）与固化剂搅拌均匀。

图 5　模具硅胶

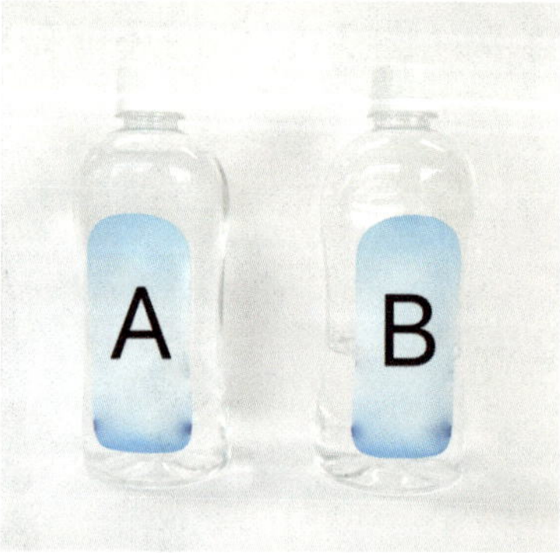

图 6　食品级硅胶

（4）将配好的硅胶沿一固定灌注点缓慢浇注（图 7），把母模灌注在围挡之内。静置 12~18 小时（图 8）等待硅胶凝固。

图7 浇注

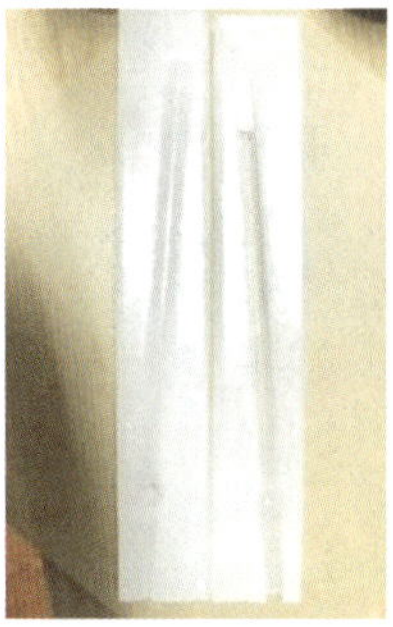
图8 静置

（5）脱模，把母模从外模中取出，模具就完成了。

2. 滴胶技术。

（1）用一次性塑料杯、电子秤、小木棒，将水晶滴胶的A、B胶（图9）按质量比3∶1混合（图10），并搅拌均匀。

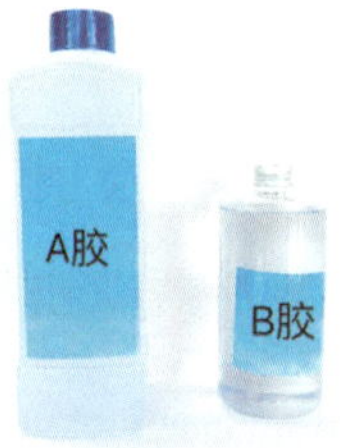

图9 水晶滴胶的A、B胶

图10 A、B胶按质量比3∶1混合

（2）用打火机将胶表面的气泡消除。

（3）将胶慢慢注入制作好的硅胶模具中，静置24小时左右等待胶凝固。

（4）脱模（图11），把滴胶复制的物体从模具中取出，如图12所示。

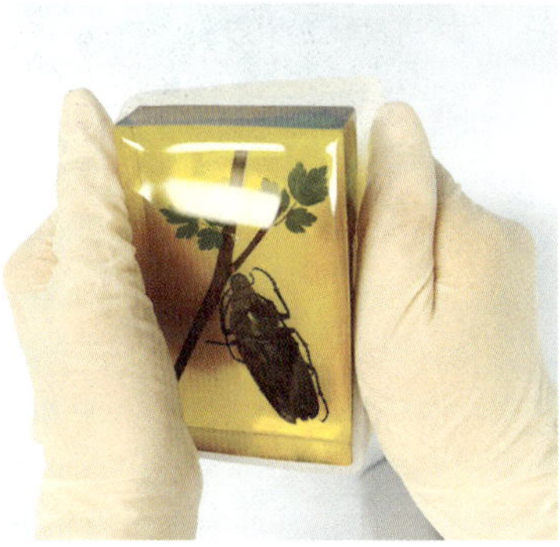
图11 脱模

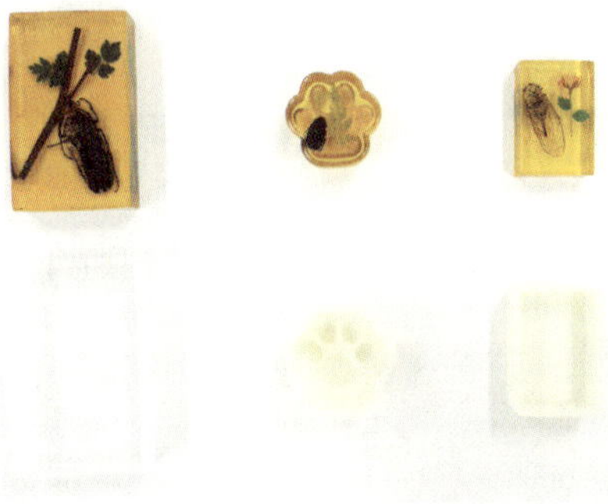
图12 成品

3. 任务挑战：尝试用翻模、滴胶技术复制小玩偶。

材料：硅胶，亚克力板，A、B 胶，热熔胶，电子秤，一次性塑料杯，一次性橡胶手套，小木棒等。

你们成功了吗？是否按照 1 : 1 的比例还原了小玩偶？你们还有其他的创意吗？

四、分析与设计

环节 1：思考问题，绘制思维导图

1. 问题思考。

（1）你们截取的那些 20~22 厘米长的竹竿都能做笔杆吗？为什么？

（2）如果能做笔杆，带竹节的地方是做笔头的那一端还是笔尾的那一端？请说说你们的理由。

（3）书法课上，笔山（图 13）很有用，但有同学经常忘带或丢失。你们能在笔杆上设计一个简易的装置来取代笔山吗？

图 13　笔山

（4）你们觉得还有哪些问题？请列举出来。

2. 绘制思维导图（样例见图14）：

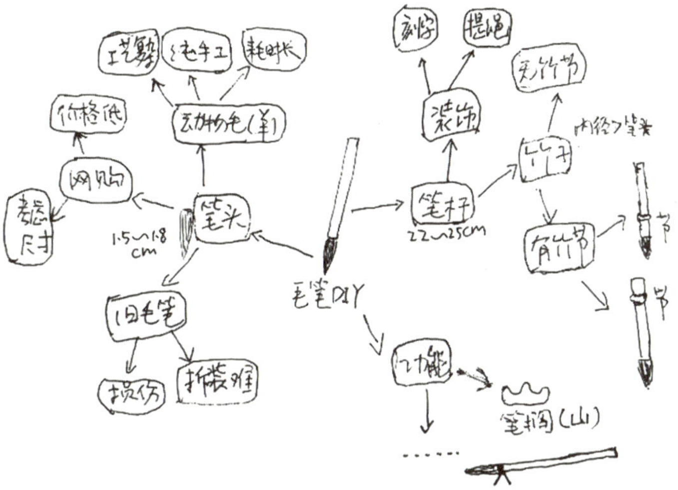

图14 思维导图样例

环节2：设计带有笔山功能的毛笔

1. 第一次设计（画图并阐述设计意图）：

2. 小组交流，从功能性和美观性两方面互相评价，并记录下别的小组对自己小组的评价，填入表1。

表1　分析与设计评价表

评价小组	功能性（星级）	美观性（星级）
	☆☆☆☆☆	☆☆☆☆☆
	☆☆☆☆☆	☆☆☆☆☆
	☆☆☆☆☆	☆☆☆☆☆

3. 第二次设计（画图并阐述设计意图）：

友情提醒：设计过程中要以竹竿的特征和尺寸为依据。

4. 对比第一次与第二次的设计图，谈谈你们的想法。

五、选材与制作

选择合适的材料制作一支带笔山功能的毛笔。

1. 自己做或者购买毛笔头。

结合实际情况，选择获取毛笔头的方式，说说你们这样选择的原因。

2. 挑选合适的笔杆。

(1) 假设一个毛笔头的直径为9.5毫米（图15），你们会选择哪一根笔杆呢？为什么？

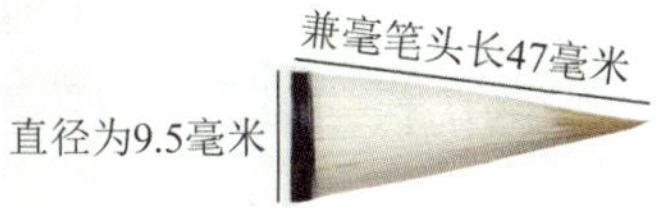

图 15 直径为 9.5 毫米毛笔头

A. 直径为 10 毫米

B. 直径为 14 毫米

（2）通过实践，你们是如何挑选出合适的笔杆的？（考虑哪些因素）

3. 安装笔头和笔杆时（图 16、图 17），你们是怎么操作的？

图 16 配头选杆

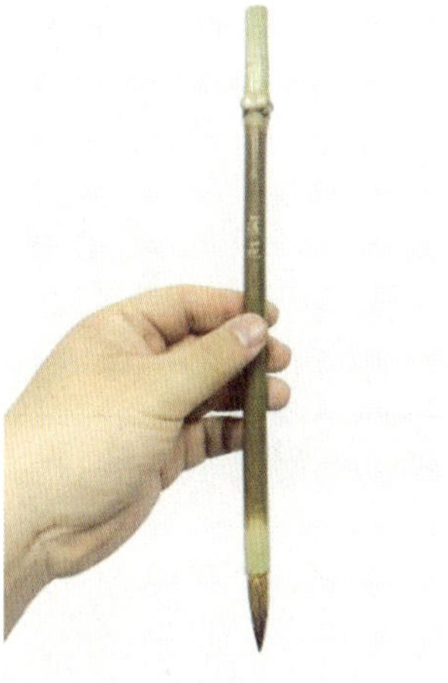
图 17 固定

4. 你们对毛笔的制作成本、制作时间和产品能否批量生产等方面有哪些考虑？

5. 谈一谈你们在制作过程中遇到的问题以及解决的办法。

六、评价与反思

1. 自我鉴定、优化。

除了要确认自制毛笔拥有毛笔的基本属性之外，还可以在外观上增加一些个性化的装饰（图 18）。

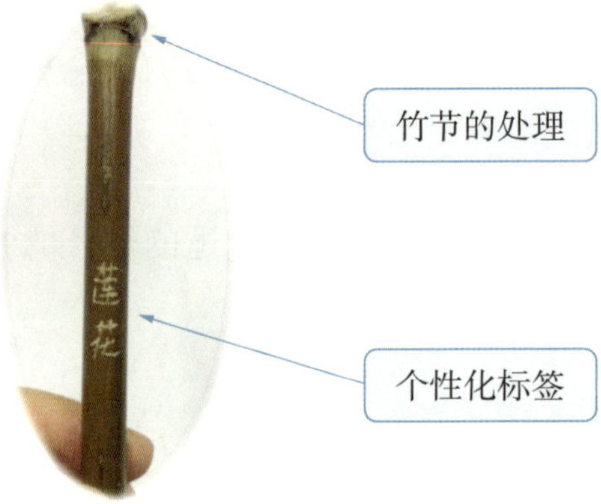

图 18　个性化自制毛笔

2. 用户体验与反馈。

在书法课上，可以邀请同学、老师使用自制毛笔，并请他们给出反馈与建议。

______牌自制毛笔客户体验反馈问卷

姓名：______　班级：______　性别：______

1. 自制毛笔能正常书写吗？
○ 能
○ 不能
○ 比较困难

2. 它对你的书写水平有何影响？
○ 没有影响
○ 有一点影响
○ 影响很大

3. 自制毛笔的笔山功能效果如何？
○ 好
○ 一般
○ 没有用

4. 你愿意使用自制毛笔来完成书法作业吗？
○ 愿意
○ 不愿意

5. 如果有人出售自制毛笔，你觉得多少价格比较合理？
○ 1~5 元
○ 6~10 元
○ 10 元以上

6. 使用过程问题反馈。（您的反馈意见是我们改进的动力）

7. 其他建议。（您的宝贵建议是我们改善的方向）

3. 填写项目评价量表（表 2）。

表 2　项目评价量表

评分项目	1 分	2 分	3 分	评分
分析与设计	简单口头表达，缺少文字、设计图	有图文说明，但缺少数据标识	设计图有详细的数据标识，对材料信息有详细分析	
分工合作	分工不明确，组织混乱	有基本的分工，但分工不够具体	人人参与，人人有岗位	
制作工艺	制作粗糙，比例不协调，书写困难	笔头、笔杆安装牢固，能正常使用	外观精美，手感好，使用顺滑	
辅助功能效果	没有效果，起负面作用	效果一般，可有可无	实用，效果很好	
展示说明	展示说明不够详细	展示说明详细，但展示手段单一	展示说明详细，逻辑清晰，方式丰富	
合理创新	设计不合理	设计有一定的创新性	设计新颖合理	

七、优化与升级

环节 1：优化改进，产品升级

根据评价与反思中提出的合理意见与建议，做出适合的改进，如图 19 所示，在竹节处保留了两个分枝，用来支撑笔。

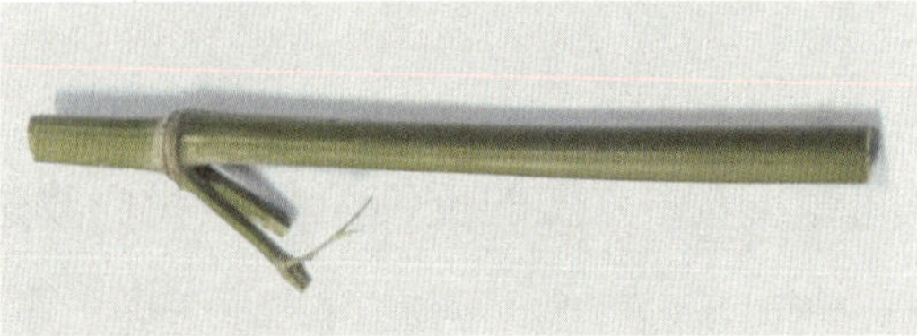

图 19 带有分枝的竹段

测试后，发现的问题：

改进设计：

环节 2：拓展与迭代

1. 拓展新项目。

回到本项目的初始，那一捆捆被修剪下来的竹子并非只有做成笔杆才是变废为宝，你们还能迸发出更多有意思的想法吗？发挥你们小组的想象力，去思考设计，动手实现它吧！

2. 不只是工具，从复制“经典”到文创产品（图20、图21、图22）。

因为每个竹竿的差异，设计的不同，你们的作品都是独一无二的。“经典”可以复制吗？

硅胶翻模、滴胶复制是工艺美术中经常使用的方法。了解一下，还有哪些可以利用的现代化技术？

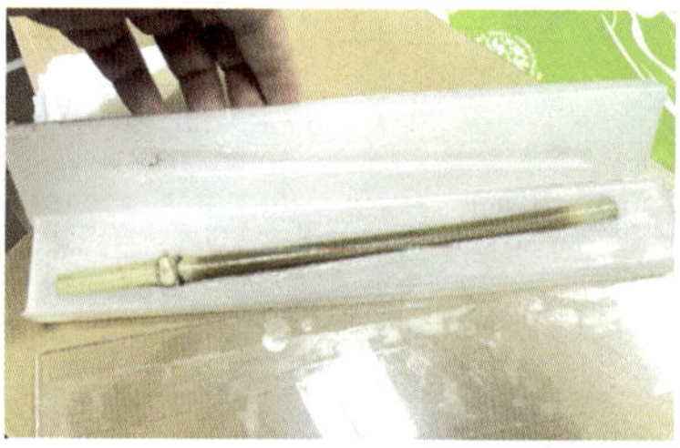

图20　水晶滴胶笔翻模

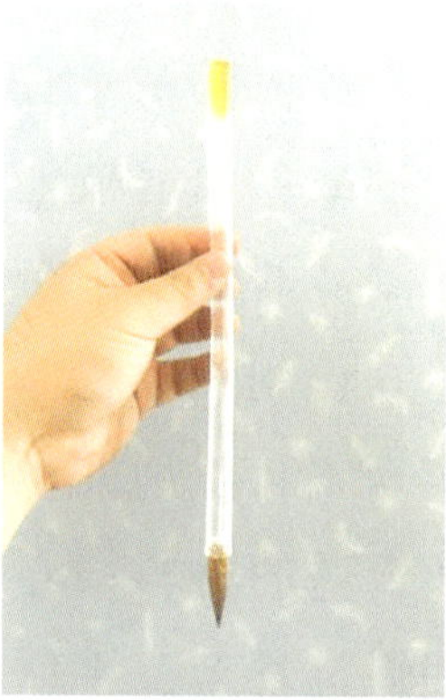

图21　水晶滴胶笔一

图22　水晶滴胶笔二

你们有什么更好的创意？请呈现出来。

项目2 不倒船翁

——运用重心解决平衡问题

一、课例概述与教学目标

◎ 课例概述

本项目源于苏州河道中轻舟泛波的唯美画面。学生身处江南水乡，读着流传千年的古诗，对泛舟江上的情景心生向往。然而，在尝试重现这一美景时，他们遇到了一个挑战：船翁被轻轻一推就倒下。为此，我们借鉴了古老的中国玩具——不倒翁的原理。在项目中，学生首先深入探索了重心的概念，学习如何确定并控制一个物体的重心。通过巧妙地调整船翁的重心，他们成功让船翁实现了自然地前后摇摆。此外，学生还深入研究船的历史，汲取灵感，选择合适的材料精心制作出充满苏州特色的船只。这一系列的科学探究和工程设计环节，不仅让他们成功再现了泛舟河上的优美场景，还让他们深刻体会到生活中重心与平衡问题的普遍性。这次经历激发了他们运用重心知识去解决生活中一系列问题的兴趣。

本项目适用小学中高年级（4~6 人一组），建议课时：7~8 课时。

◎ 教学目标

科学探究（S）：

（1）知道重心越低越稳定。

（2）知道不倒船翁的秘密。

（3）知道苏州船的历史及其特点。

技术素养（T）：

（1）会选择合适的材料制作不倒船翁。

（2）能通过控制重心使船翁不倒。

（3）能利用不倒翁的原理解决生活中的一些问题。

工程目标（E）：

（1）能够按照自己设计的图纸制作不倒船翁。

（2）能够通过了解苏州船的历史，设计出一艘结构合理的苏州船。

（3）尝试利用不倒翁的原理进行发明创造。

数学领域（M）：

了解重心的特性。

二、问题与聚焦

图1　苏州平江河中的船

“君到姑苏见，人家尽枕河。”自古以来，苏州这片江南水乡便以其独特的魅力引起无数人的向往与想象。平江历史文化街区作为苏州古城中保存得十分完好的区域，其粉墙黛瓦、小桥流水、桨声灯影的景致，更是成为人们心中江南水乡的经典画卷。漫步在平江路上，乘坐着轻摇慢晃的摇橹船，两岸的风光缓缓展开，仿佛一幅流动的画卷（图1）。水波荡漾，一浪接着一浪，伴随着苏州小曲的悠扬旋律，让人深深沉醉在这江南水乡的温软与多情之中。今天，我们将一起携手，复刻这一令人心驰神往的场景。

为了打造一艘具有苏州特色的船，我们首先需要解决材料选择的问题。什么样的材料既耐用又能够展现江南水乡的韵味呢？我们需要深入研究船的历史，从中汲取灵感，选择既符合江南文化特色又具备实用性的材料。而关于船翁如何能够自动划水的问题，我们联想到了一个古老的中国玩具——不倒翁。不倒翁不仅外形精美，而且一旦触动，就会摇摆不定，最终恢复直立状态。根据不倒翁的原理，通过巧妙设计船翁的重心，我们计划制作一个能够自由摆动的船翁。整个制作过程将由学生亲自参与设计和实施。他们将面临各种问题和挑战，需要不断尝试和调整，发现其中的原理和技巧。通过这一探究活动，学生不仅能够锻炼动手实践能力，还能够培养创新思维和解决问题的能力。

我们期待学生能够通过这个项目，深入了解江南水乡的文化内涵，感受古老玩具不倒翁的智慧魅力，同时也能够发现不倒翁的原理在生活中的运用。

三、调查与研究

环节 1：认识重心

1. 查找资料，想一想，什么是重心？

2. 如何找到物体的重心？

3. 在图 2 中找一找这些物体的重心，并将重心标出来。

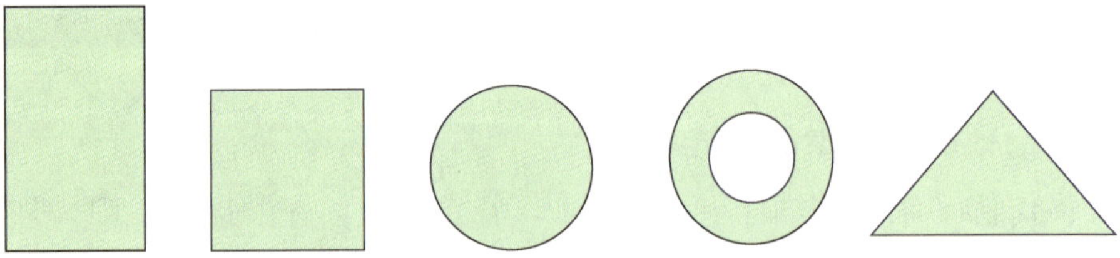

图 2　看图找重心

环节 2：不倒船翁的秘密

1. 猜测不倒翁不倒的原因。

为了使船翁能够自如地前后晃动船桨，而且在晃动过程中保持稳定，不能倾倒，我们联想到那个古老而神奇的中国玩具——不倒翁。那么，不倒翁为何能够“不倒”呢？这背后蕴含着哪些科学原理呢？通过深入了解，我们发现这与其底部沉重的半球形设计密不可分，这样的设计使得不倒翁重心处于较低的位置，从而实现不倒的效果。于是，我们思考是否可以借鉴不倒翁的原理，制作一个能够自动划船的船翁呢？通过精心设计和制作，我们希望能够利用不倒翁的稳定性原理，让船翁在晃动中保持平衡，从而实现自动划船的效果。

思考：不倒翁不倒的原因是什么？

2. 探究物体的重心对其稳定性的影响。

不倒翁，这一上轻下重的奇妙物体，其重心位于底部，这使得它不易倾倒。那么，我们不禁要问，不倒翁的这种稳定性是否与其重心的高度有着密切的关联呢？为了解开这一谜题，让我们一起来深入探究物体稳定性与重心高度之间的关系吧！

材料：透明胶带、长木板、3 个高度不同的木块。

实验方法：如图 3 所示，首先，我们使用透明胶带将木块底面的一边牢固地固定在长木板上。接着，我们逐渐将长木板向一端倾斜，形成一个倾斜的角度。在这个过程中，我们重点观察重心的高低对木块稳定性的影响。越高的木块，其重心也越高；而较低的木块，其重心也相对较低。我们记录下不同高度的木块在倾斜木板上的表现，特别关注它们倾倒的顺序。

图 3 探究物体稳定性与重心高度之间的关系实验

请将你们的发现记录在表 1 中吧。

表 1　物体稳定性与物体重心的关系

重心高低	稳定性
高	
中	
低	

通过这一系列的观察和记录，我们可以清晰地看到重心高低对木块稳定性的影响，从而更深入地理解物理学中重心的概念及其在实际应用中的重要性。思考：你们从中发现了什么？

3. 利用重心原理制作简易不倒翁。

利用竹棒、木棒、皮筋、螺母、橡皮泥等尝试制作一个简易不倒翁，用橡皮泥包住螺母，挂在竹棒下端使重心降低（图 4）。

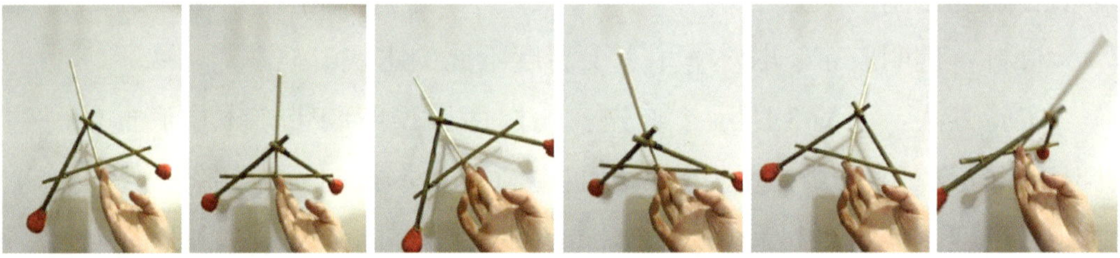

图 4　降低重心使物体摇摆不倒

环节 3：了解苏州船

苏州，这座典型的江南水乡，河道宛如血脉般遍布城市的每个角落。苏州的航运历史源远流长，甚至可以追溯至春秋战国时期。在交通和经济尚未高速发展的年代，船只曾是人们出行的主要工具。那么，你们了解苏州船的发展史吗？苏州船又蕴含着怎样的独特韵味呢？在探寻这些答案的过程中，我们不禁思考：我们可以选择哪些材料来制作船只呢？

1. 查阅资料，了解苏州船的发展史，思考一艘合格的船应该包含哪些结构。

2. 查阅资料，到苏州河道边走走，感受苏州的小桥流水，体验一下坐在摇橹船上的慢生活，了解苏州的摇橹船是什么样的，画一画，看一看它包含哪些结构，如图 5 所示。

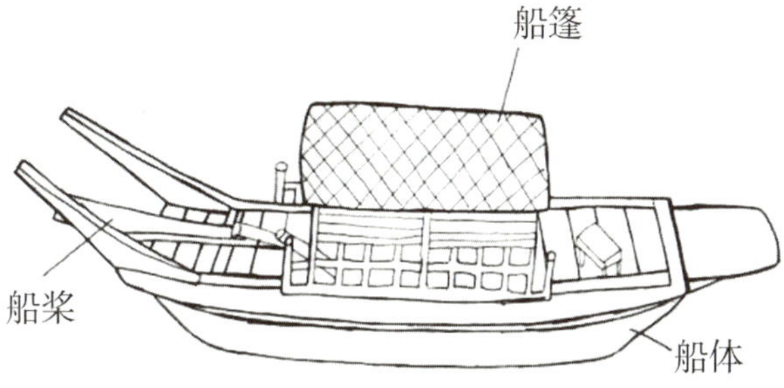

图 5　摇橹船结构图

四、分析与设计

环节 1：绘制船的设计图

1. 查阅资料，思考：船有哪些结构？船的各个部位各有什么特点？

2. 苏州船有哪些独特标志？

3. 请画出设计图（样例见图 6）。

图 6　设计图样例

环节 2：设计不倒船翁并进行分析

1. 如何让船翁不倒？你们打算如何设计？

2. 如何控制船翁的重心？

3. 怎样让船翁更稳定、牢固？

4. 请画出不倒船翁的设计图（样例见图 7）。

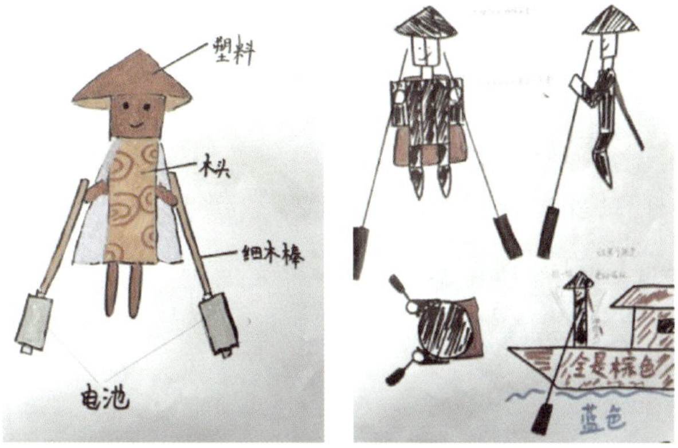

图 7　不倒船翁设计图样例

五、选材与制作

环节 1：选择合适的材料制作一艘苏州船

苏州的船，以其轻巧灵活、玲珑俊秀而著称。船头、船尾尖尖的，形状细长如竹叶，给人一种优雅的感觉。船上覆盖着半圆形的船篷，宛如一顶大斗笠为船儿遮阳挡雨。船底铺着平整的木板，为乘客提供了舒适的乘坐体验。坐在船上，游客们可以尽情观赏两岸的风景，呼吸似乎也变得更加缓慢，晃晃悠悠间，别有一番悠闲的滋味。今天，我们就一起来尝试复刻一条充满江南风韵的苏州船吧！

每个小组有 30 元工程项目资金，请选择合适的材料和工具制作船。

1. 出示材料超市的材料、工具及其价格（图 8）：

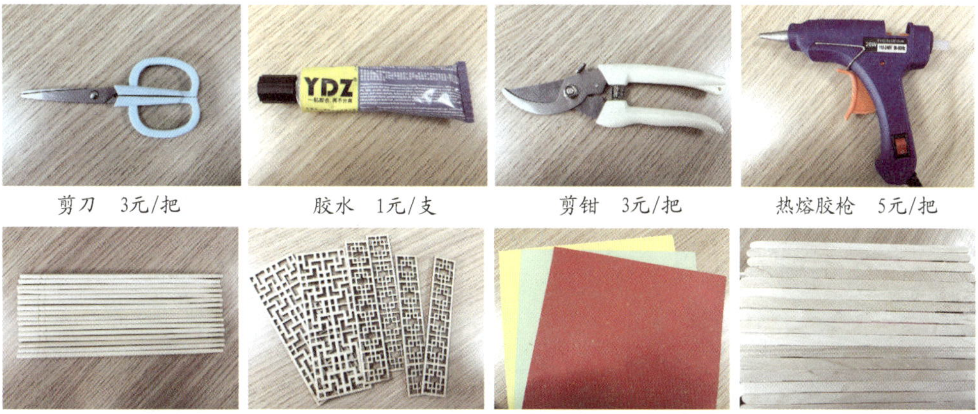

图 8　制作船的材料及其价格

2. 你们将选择什么样的材料和工具？说说选择的原因。

3. 根据设计图，计算出所需要的材料数量，并进行工程估价。

（1）制作船需要的材料数量各是多少？你们是怎么计算的？

（2）本次制作大约需要花费多少钱？

4. 实际操作：填写选材表（表2）。

表2　制作船的选材表

名称	单价	单位	所需数量
雪糕棒	0.1元	根	
木棒	0.1元	根	
隔断	0.5元	个	
胶水	1元	支	
卡纸	0.5元	张	
剪刀	3元	把	
剪钳	3元	把	
热熔胶枪	5元	把	

请在下面记录你们的制作成果（可拍摄制做过程及成果照片后粘贴，如图9所示）。

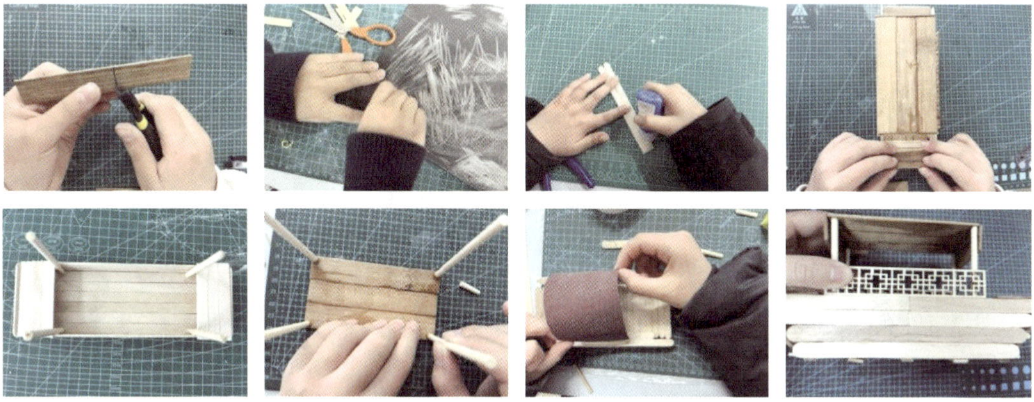

图 9 学生制作苏州船的过程

环节 2：选择合适的材料制作不倒船翁

孤舟蓑笠翁，独钓寒江雪。青箬笠，绿蓑衣，斜风细雨不须归……读着这些诗词，我们仿佛看到了船翁在江上泛舟的场景。那么，要制作一个更加贴合这些场景的船翁模型，我们应该如何着手呢？为了让船翁能够前后摆动并且达到“不倒”的效果，关键在于控制其重心的高低。重心越低，船翁的稳定性就越好。因此，在选择制作材料时，我们需要考虑那些既轻便又具有一定稳定性的材料，以确保船翁在摆动时能够保持平衡。同时，为了更加贴近诗词中的描述，我们还可以在材料的选择上注重色彩和质感的搭配，让船翁模型更加生动、逼真。

每个小组有 30 元工程项目资金，选择合适的材料制作不倒船翁。

1. 出示材料超市的材料及其价格（图 10）。

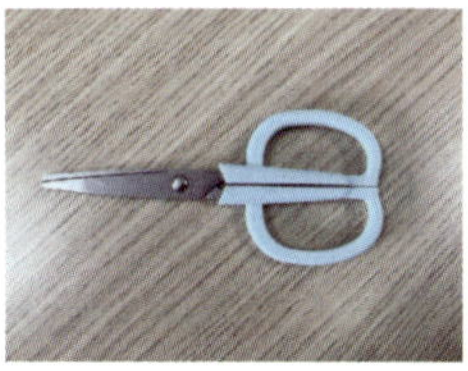

剪刀 3元/把

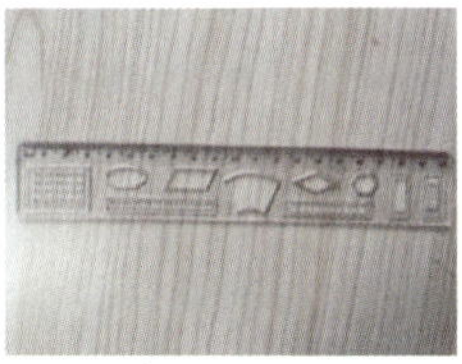

直尺 2元/把

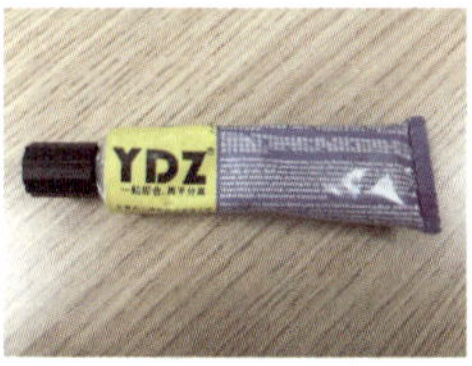

胶水 1元/支

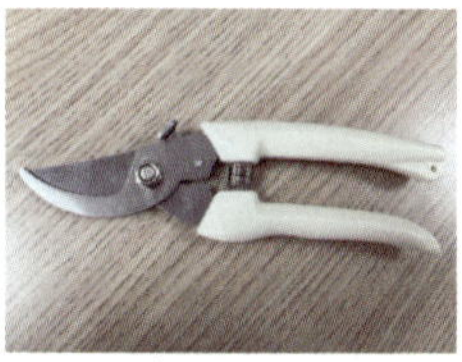

剪钳 3元/把

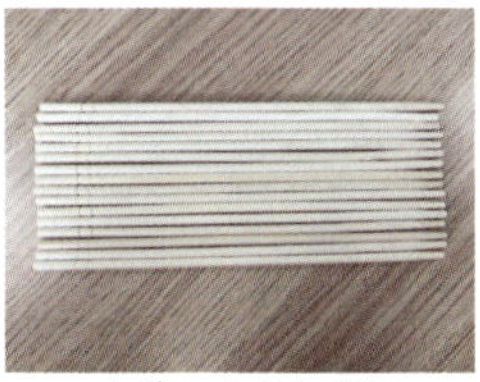

木棒 0.1元/根

彩笔 0.5元/支

卡纸 0.5元/张

雪糕棒 0.1元/根

电池　0.5元/节

棉线　0.5元/米

铝线　0.5元/米

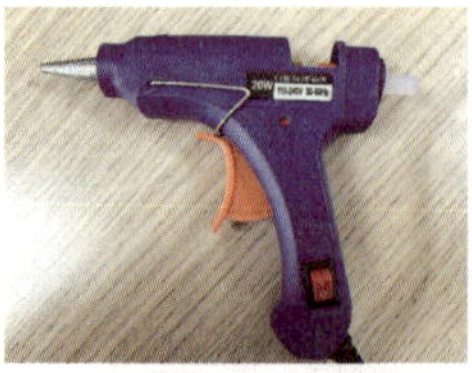
热熔胶枪　5元/把

图10　材料及其价格

2. 你们将选择什么样的材料制作不倒船翁？说说选择的原因。

3. 根据设计图，对模型的高度、长宽进行测量，计算出所需要的材料数量，并进行工程估价。

（1）制作不倒船翁需要的材料数量各是多少？你们是怎么计算的？请填写表3。

表3　制作船翁的选材表

名称	单价/元	单位	所需数量
雪糕棒	0.1	根	
木棒	0.1	根	
彩笔	0.5	支	
棉线	0.5	米	
铝线	0.5	米	
电池	0.5	节	
胶水	1	支	
卡纸	0.5	张	
直尺	2	把	
剪刀	3	把	
剪钳	3	把	
热熔胶枪	5	把	

（2）本次制作大约需要花费多少钱？

4. 实际操作。

请在下面记录你们的制作成果（可拍摄制作过程及成果照片后粘贴，如图 11、图 12 所示）。

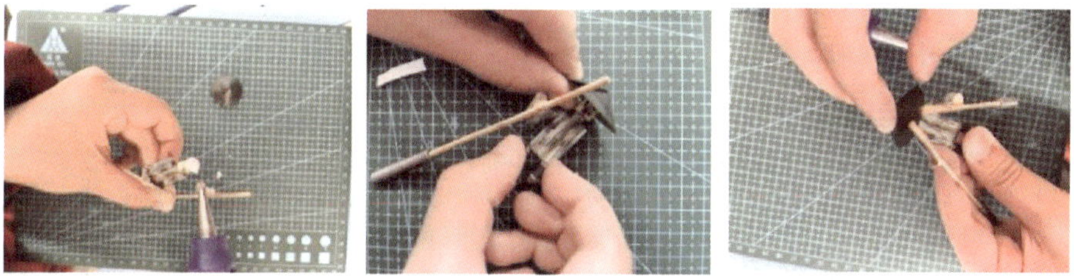

图 11　学生制作不倒船翁过程

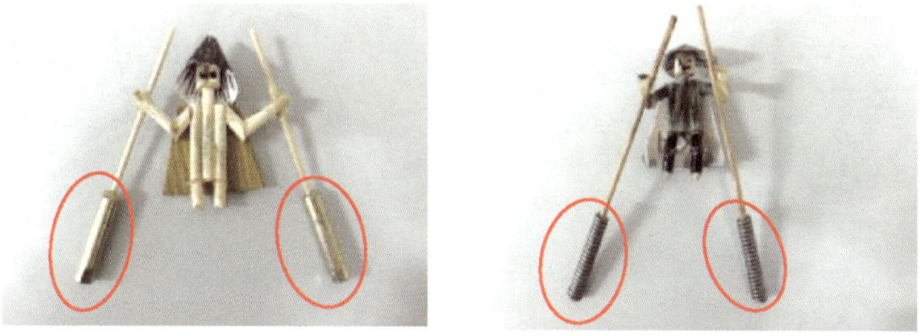

图 12　学生制作不倒船翁样例（增加船桨底部质量，降低重心）

六、测试与反思

环节 1：评价船的效果

小组间互相打分评价（表 4），看看谁的船最牢固、最美观。(图 13)

表 4　小组评价表

小组评价标准	稳定性（25 分）	美观性（25 分）	难易度（25 分）	创意性（25 分）
第 1 组				
第 2 组				
第 3 组				
第 4 组				
第 5 组				
第 6 组				
……				

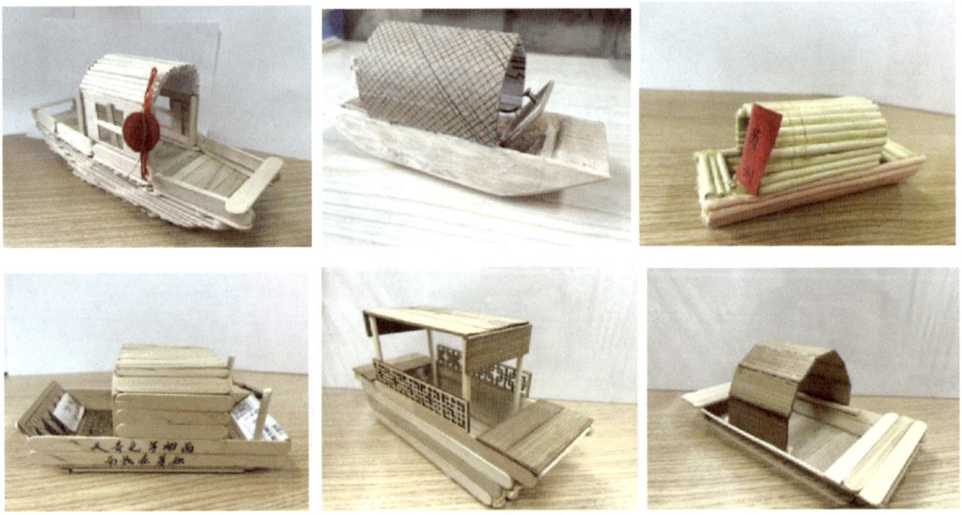

图 13　学生制作苏州船成果样例

环节 2：测试船翁的效果

测试你们设计的船翁（图 14），看看船翁是不是真的不倒，并在表 5 中记录测试结果（在对应处画"√"）。

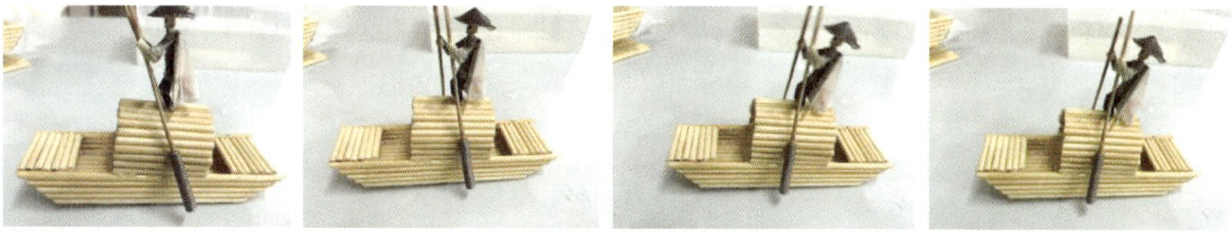

图 14 不倒船翁测试效果

表 5 不倒船翁测试记录表

船翁是否倒下	是	否
第 1 次		
第 2 次		
第 3 次		

七、优化与升级

环节 1：改进不倒船翁

1. 评估测试结果并对已经完成的内容进行汇报，其他小组点评。

2. 各小组根据汇报和点评的结果讨论，修改不倒船翁的草图，并按照修改后的草图进行改进。

环节 2：寻找生活中的不倒翁

在现代生活中也时常可见不倒翁的身影。例如，西安大唐不夜城曾出现了一位“不倒翁”小姐姐。她身着唐朝服饰，轻盈地站在不倒翁上翩翩起舞。尽管铁球不断左右晃动，她仍能稳稳地站立，这一幕令人叹为观止。当然，这离不开表演者精湛的舞蹈技艺，但更离不开不倒翁本身独特的稳定性。请你们留心观察，找一找生活中还有哪些地方运用了不倒翁原理（图 15）。

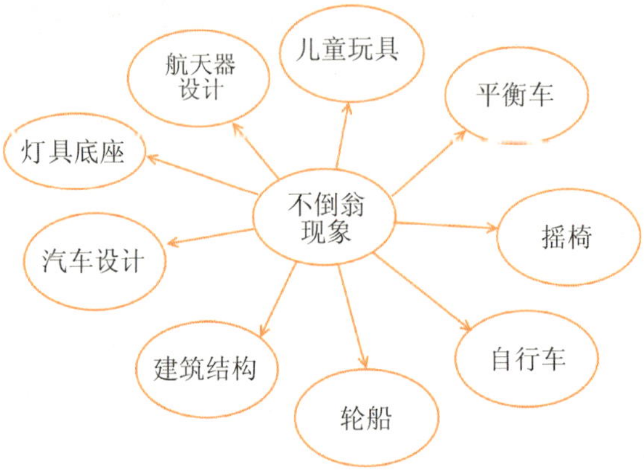

图 15　生活中运用不倒翁原理的情况

环节 3：运用不倒翁原理

借助不倒翁原理，人类制造出了众多精妙绝伦的产品。例如，有些灯具的底部巧妙地安装了一个小球体，一旦灯具受到外力作用发生倾斜，小球便会自动滚动到灯具的下方，使灯具重心调整回中心位置，从而保持其稳定性。同样，在船只航行的过程中，面对复杂多变的状况，通过精心设计船体的重心，船只即使在恶劣的状况下也能保持稳定。再来看汽车的底盘设计，其构造同样致力于确保车辆在行驶过程中保持平衡与稳定，以应对各种复杂路况带来的挑战……

不倒翁原理的应用领域广泛，对于提升产品的稳定性和安全性起到了至关重要的作用。请你们查阅资料，并运用不倒翁原理进行一项创新发明。

项目3 河道小卫士

——为狭窄的古城河道设计制作便捷打捞装置

一、课例概述与教学目标

◎ 课例概述

本项目起源于学生实际生活中遇到的问题。通过调查研究，学生发现苏州古城区河道狭窄，环卫工人打捞船作业不方便的问题。在这一真实问题的驱动下，学生主动了解船的发展史，知道反冲力在船上的应用，设计模型，选择合适的材料来造船。在项目实施中，学生通过动手制作一艘小船，帮助环卫工人清理水面漂浮的垃圾，解决问题的同时提升跨学科素养。

本项目适用小学中高年级（4~6 人一组），建议课时：8 课时。

◎ 教学目标

科学探究（S）：

（1）研究反冲力在小船上的应用。

（2）研究舵角幅度与小船转向的关系。

技术素养（T）：

（1）能够绘制小船设计图，使设计方案可视化。

（2）学会选择使用合适的材料制作船舵和捞网。

（3）学会用导线、小电动机、电子调速器、舵机等物品完成小船动力结构设计。

（4）学会利用锉刀工具进行打磨。

（5）感受到科学技术的发展能改善人们生活。

工程目标（E）：

（1）能够按照自己设计的图纸给小船装上动力结构，测试其效果并进行改进。

（2）能够在设计与制作时考虑工程造价。

（3）掌握船舵的制作方法。

（4）愿意分享自己的想法，乐于尝试多种方案改进捞网。

数学领域（M）：

（1）会从实用的角度设计船舵，完成铁皮的测量与裁剪。

（2）会合理设计船舱布局，规划桨与船舵的距离。

（3）能根据材料、时间和成本等限制条件，提出验收标准。

二、问题与聚焦

在学校STEM社团活动中，有一个学生提出生活中发现的问题：苏州古城区的河道较为狭窄，环卫工人的打捞船作业不方便。为此，他们展开讨论，最终提出能否设计一艘打捞船，帮助环卫工人解决打捞难的问题。

为了方便研究，我们利用一个尺寸为10 m×3 m×0.6 m的水池来模拟狭窄的河道（图1），学生需要设计制作一个尺寸不超过1 m×0.6 m×0.6 m的小船在此水面进行打捞作业。

图1　水池模拟狭窄河道

三、调查与研究

环节 1：船的发展历史

1. 问题思考：世界上最早的船是什么船？

2. 查阅资料：了解不同时期船的类型和动力方式有哪些不同，将调查结果填入表 1。

表 1 不同时期船的类型和动力方式调查表

时间	类型	动力方式

3. 讨论交流：比较这几种类型的船，看看它们有什么相同点和不同点。

环节 2：船的转向研究

观察船舵（图 2）。

1. 问题思考：船是怎样实现向左、向右转的？

2. 问题思考：船转向角度可能和什么因素有关？

图 2 船舵

3. 测试探究：选择一个方案进行转向测试，并将结果填入表 2。

表2　船转向测试表

变化量（角度）	测试情况（船转向）
10°	
35°	
65°	
90°	

环节3：船是怎样后退的？

1. 查阅资料，了解船的动力系统。（图3）

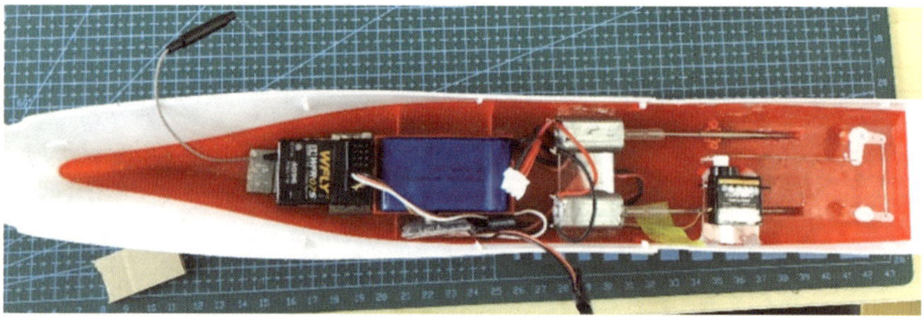

图3　遥控模型船的电子动力系统

2. 问题思考：船的动力系统有几部分组成？船是怎么做到前进、后退的？

四、分析与设计

本环节的核心任务是对自制打捞船的结构进行深入分析，并完成设计工作，力求设计出的打捞船既符合实际使用需求，又能够展现出独特的创意与实用性。

环节1：绘制思维导图

环节2：分析打捞船核心结构的实现方式

根据前面的思考，我们查阅了多种资料并咨询了老师们的专业意见，总结这些意见之后，我们绘制了打捞船整体设计图（图4）、转向结构设计图（图5）。

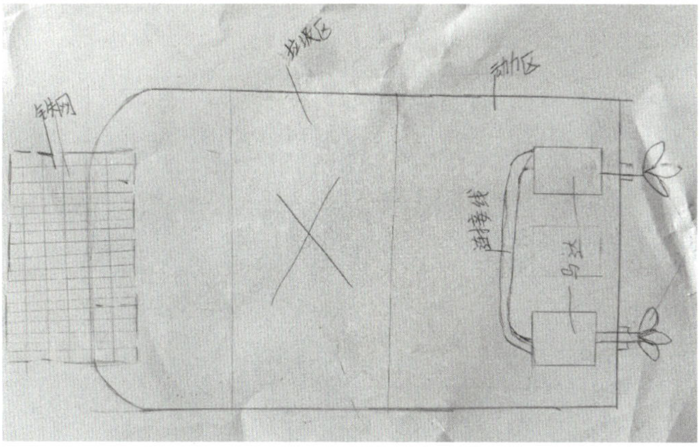

图4　打捞船整体设计图

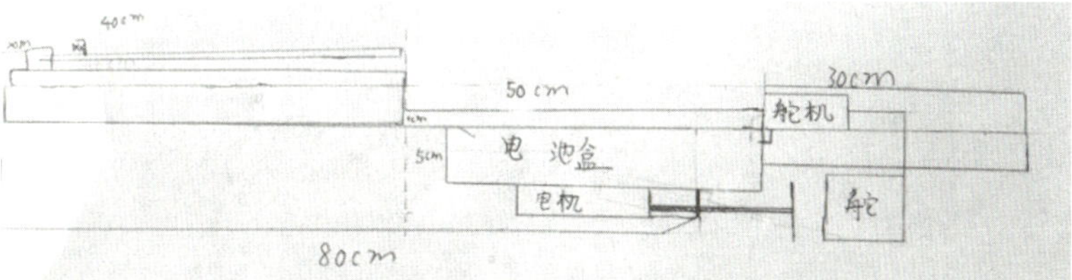

图5　打捞船转向结构设计图

五、选材与制作

环节 1：选材

通过对强度、硬度、易切割等要求的测试，我们选用能浮于水面的高密度泡沫板（图 6）作为制作材料。

图 6　高密度泡沫板

环节 2：切割

利用电热刀，对高密度泡沫板进行切割，如图 7 所示。

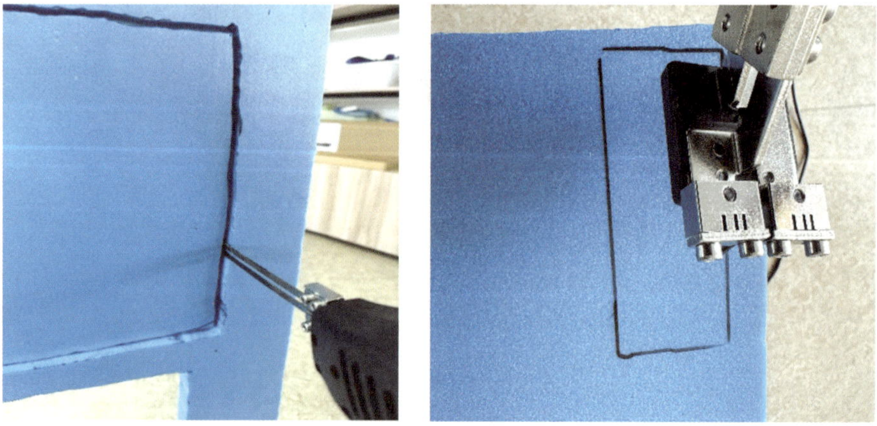

图 7　切割高密度泡沫板

环节 3：制作

1. 制作金属船舵，如图 8 所示。

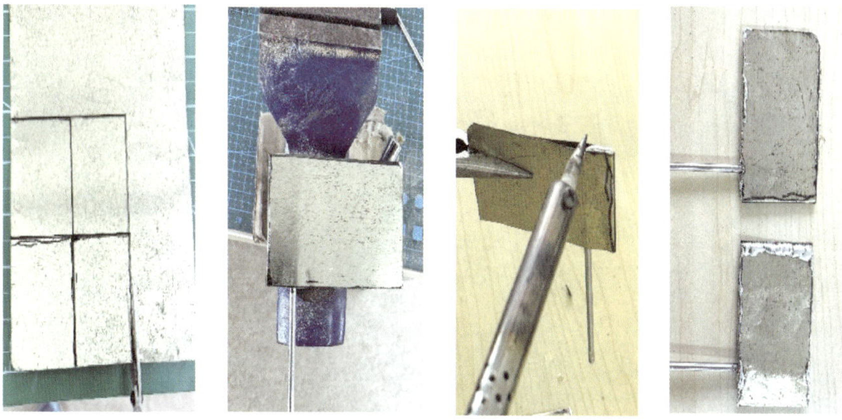

裁剪　　定型　　焊接　　完成

图8　金属船舵的制作

2. 安装船的主体结构，如图9所示。

动力结构　　转向结构

图9　安装主体结构

3. 安装电子遥控设备，如图10所示。

图10　安装电子遥控设备

4. 安装捞网，如图 11 所示。

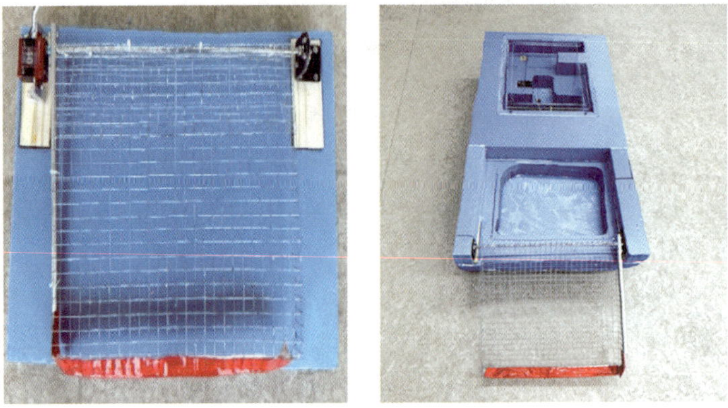

图 11　安装捞网

一艘解决河道打捞难题的船就完成啦。

六、测试与反思

环节 1：打捞船测试

我们对打捞船的转向、前进、后退、打捞等功能进行测试，如图 12 所示。

图 12　测试打捞船

经过实践验证，我们设计制造的打捞船能够基本实现打捞水面垃圾的功能，展现出了良好的实用效果。

环节 2：邀请同学测试打捞船

为进一步测试打捞船，我们在校内展示并邀请同学们测试，随后根据测试效果对打捞船从功能性、经济性、美观性、实用性等方面进行评价，填写表 3。

表 3 打捞船测试评价表

小组 评价	功能性				经济性 （15 分）	美观性 （10 分）	实用性 （30 分）
	前进 （10 分）	后退 （15 分）	左转 （10 分）	右转 （10 分）			
第 1 组							
第 2 组							
第 3 组							
……							

环节 3：反思打捞船的功能

经过多轮严谨的测试，我们深入观察了打捞船各种功能的表现，发现由于船身通体由泡沫组成，船身在水中受到的浮力较大，导致船身吃水较浅，捞网伸入水中面积较少，打捞垃圾的效果不佳。对于这一问题，经过讨论，我们认为需要进一步优化打捞船的设计，减少其在水中受到的浮力，让船吃水更深一点。

有同学提出，打捞船是否能够在夜间进行打捞作业呢？针对打捞船夜间打捞的需求，我们可以进一步优化打捞船的设计，增加照明灯、喇叭等设备，让它能够在夜间实现打捞作业。

七、优化与升级

环节 1：针对船身吃水浅的问题升级——切割泡沫

我们通过切割多余的泡沫改变船身结构（图 13），从而增加船身的吃水深度。这一改进措施不仅有效改善了打捞船吃水较浅的问题，还让船身更美观，同时提升了船的稳定性。

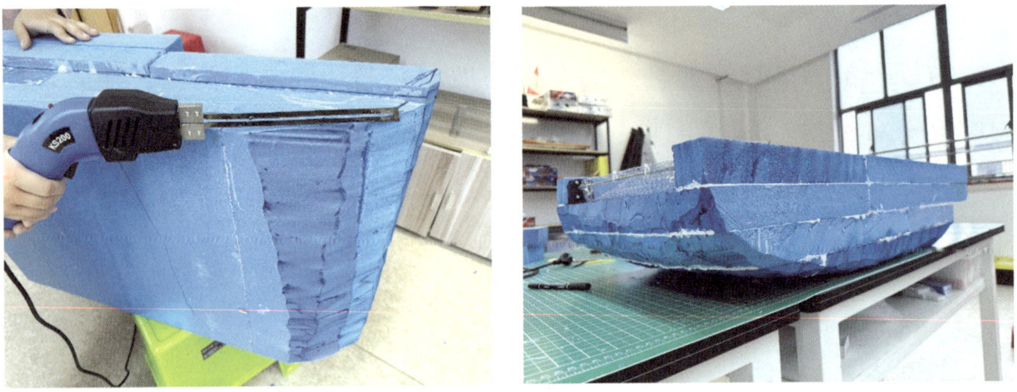

图 13　船身优化升级

环节 2：针对打捞船夜间打捞的问题升级——警示灯、照明灯、喇叭

为了能让打捞船实现夜间打捞的功能，如图 14 所示，我们对打捞船进行了灯光的升级：在船身两侧装上两盏闪烁的 LED 灯作为船身的警示灯；在船身上方装上两盏射灯作为船身的照明灯。为了避免夜间船只的碰撞，我们还在船身上加装了一个喇叭，能够发出汽笛声来警示来往船只。

图 14　夜间打捞功能升级

项目4 枇杷“猎人”

——设计制作枇杷采摘器

一、课例概述与教学目标

◎ 课例概述

本项目旨在解决枇杷采摘难题。经过深入调研，学生发现高处的枇杷采摘困难，易导致果实腐烂浪费。围绕这一核心问题，学生展开积极探索，深入研究枇杷的生长特性，广泛调研市面上的采摘工具。经过科学探究、工程设计与数学计算，最终成功制作出枇杷采摘器。此项目不仅锻炼了学生的创新思维和实践能力，更为枇杷采摘技术带来了创新性的突破。

本项目适用小学中高年级（4~6人一组），建议课时：8课时。

◎ 教学目标

科学探究（S）：

（1）知道枇杷的物理特性和生长环境。

（2）研究不同材料对采摘效果的影响。

技术素养（T）：

（1）能利用互联网查询资料。

（2）能够绘制采摘器设计图，使设计方案可视化。

（3）学会选择合适的材料制作采摘器。

工程目标（E）：

（1）设计并制作一款高效、实用的枇杷采摘器。

（2）测试采摘器采摘效果。

（3）不断优化采摘器的性能和功能。

数学领域（M）：

（1）运用数学知识进行测量和计算，确保采摘器的尺寸和比例合适。

（2）收集和分析采摘数据，运用数学方法提取有价值的信息，为采摘器的改进和优化提供依据。

二、问题与聚焦

金黄的枇杷挂满枝头，果肉饱满，汁多味甜，吸引了众多游客前来采摘品尝。然而，在采摘过程中，我们遇到了一个难题：高处的枇杷难以触及，手工采摘既困难又耗时。针对这一问题，同学们进行了初步的调查。通过统计数据，我们发现游客在高处自主采摘时的采摘率较低，且浪费现象较为严重。为了解决这一难题，我们考虑设计制作一款枇杷采摘器。

经过讨论，我们明确了工程任务：设计制作一款实用的枇杷采摘器，以解决枇杷难以采摘的问题。为便于研究，我们选取学校内的一棵枇杷树作为研究样本，计划在此基础上进行采摘器的设计与制作。

为了完成这一任务，我们开展了一系列调查研究，为后续设计提供了有力支撑。

三、调查与研究

环节1：枇杷大调查

1. 问题思考：关于枇杷，你们知道什么？

观察一下枇杷的果实特征（图1），并把你们的发现填入表1。

图1　学生观察枇杷

表 1 枇杷的果实特征

名称	质量	形状	大小
枇杷 1			
枇杷 2			
……			

2. 活动探索：请完成下面的学习单。

看 →

摸 →

尝 →

闻 →

测 →

你还知道哪些关于枇杷知识？

____

____

____

____

____

知识链接

枇杷是一种独特且深受人们喜爱的水果，果实呈圆形或长圆形，外表覆盖着一层细腻的绒毛，使得枇杷整体外观显得柔和而温暖。随着果实的成熟，其颜色由青绿渐变为金黄，呈现出诱人的光泽。在口感方面，枇杷果肉饱满多汁，甜而不腻，带有一种特有的清香，让人回味无穷。

此外，枇杷的营养价值也极为丰富。它富含多种维生素，如维生素 C，对人体健康具有诸多益处。同时，枇杷还含有钾、钙等矿物质，有助于维持人体正常生理功能。在中医中，枇杷还被认为具有润肺止咳、清热化痰的功效，对于缓解咳嗽、感冒等症状有一定的辅助治疗效果。

环节 2：了解市场上的采摘器

通过搜集资料，我们发现市场上的果实采摘器可以分成爪子式和锯齿式两种（图 2），请观察并思考。

爪子式

锯齿式

图 2　市面上不同的采摘器

1. 你们搜集到的采摘器分为哪几个部分？是如何工作的？

2. 它们各自都有怎么样的优点和缺点呢？

3. 你们会选择制作哪种类型的采摘器？理由是什么？

4. 这给你们的设计制作带来了怎样的启发？

知识链接

采摘器是一款专为采摘设计的实用工具，其结构简单，主要由采摘装置、收集装置和手柄装置组成。采摘装置用来采摘果实，收集装置则用来稳定收集采摘后的果实，防止掉落。同时，采摘器还配备坚固的支撑框架和舒适的手柄，方便用户操作和携带。

四、分析与设计

环节 1：绘制思维导图

1. 你们打算如何设计采摘器？采摘器需要有哪几个部分？请画出思维导图（样例见图 3）。

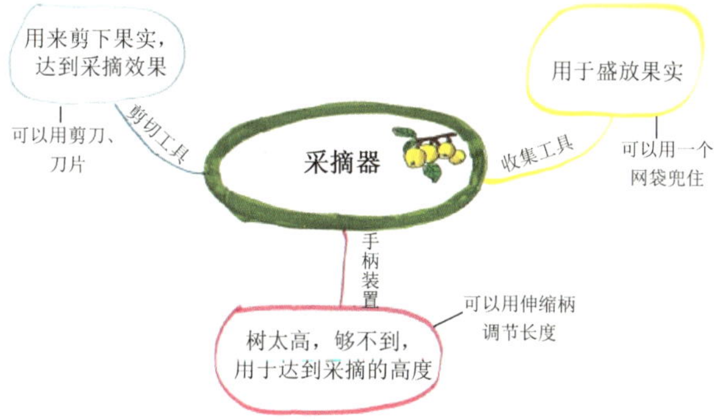

图 3　思维导图样例

2. 你们设计的枇杷采摘器怎样实现采摘、收集的功能？

3. 你们打算如何组装各个部分？这种组装方式有什么优点？

4. 你们觉得有哪些困难？请列出来。

环节 2：设计采摘器整体图

1. 根据前期的分析，请小组进行探讨，并设计一款枇杷采摘器（样例见图 4）。

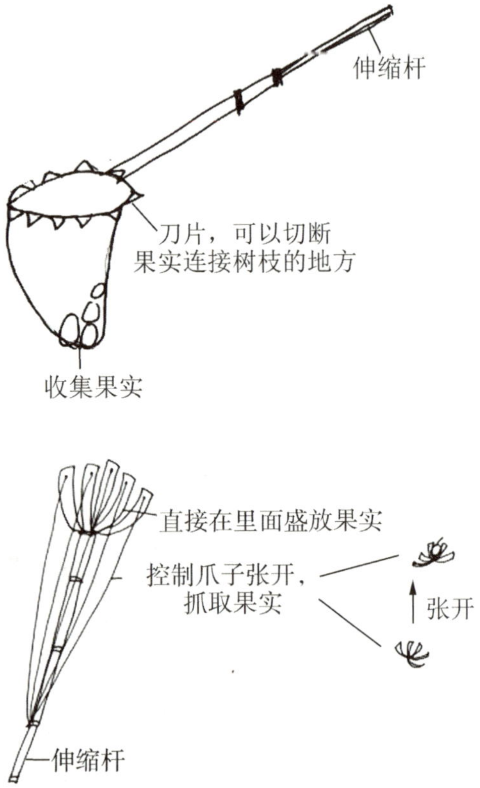

图 4　整体设计图样例

2. 小组交流，从功能性和美观性两方面互相评价，并记录下别的小组对自己小组的评价（表 2）。

表 2　分析与设计评价表

评价小组	功能性（星级）	美观性（星级）
	☆☆☆☆☆	☆☆☆☆☆
	☆☆☆☆☆	☆☆☆☆☆
	☆☆☆☆☆	☆☆☆☆☆

五、选材与制作

环节 1：选材

1. 制作装置是一项复杂而艰巨的任务，合理分工、发挥组员各自的优势才能高效完成任务。在开始制作之前，请各小组进行分工，明确组员各自的职责（表 3）。

表 3 小组分工表

组员	职责

2. 出示材料超市的材料及其价格（图 5）。

每个小组有 20 元项目资金，请选择合适的材料制作枇杷采摘器。

塑料瓶 3元/个

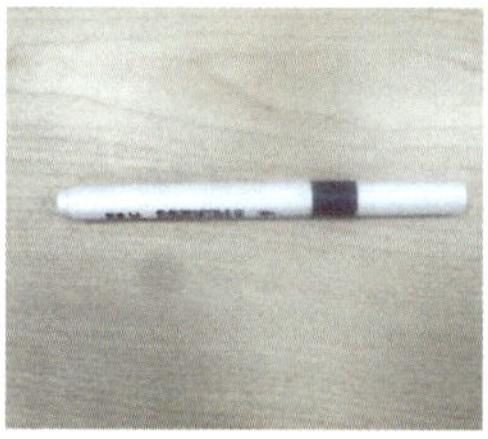
记号笔 3元/支

线 2元/捆

铁丝 5元/捆

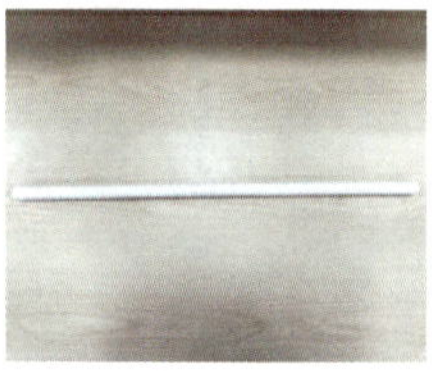
PVC管 2元/根

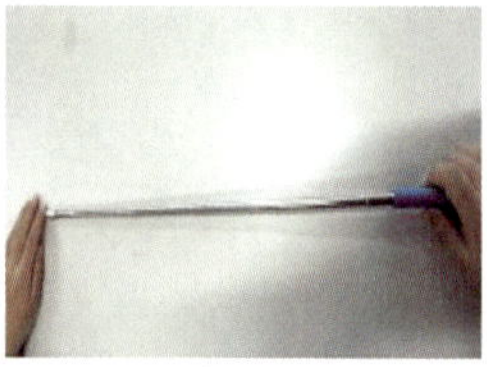
伸缩杆 5元/根

网兜 1元/袋

罐子 10元/罐

图 5 材料及其价格

3. 你们将选择什么样的材料制作枇杷采摘器？说说你们这样选择的原因。

4. 根据设计图，对采摘器的长、宽、高进行测量，计算出所需要的材料数量，并进行工程估价。

本次建造大约需要花费多少钱？完成表 4。

表 4　造价表

名称	单价/元	单位	数量	价格
塑料瓶	3	个		
记号笔	3	支		
线	2	捆		
铁丝	5	捆		
PVC 管	2	根		
伸缩杆	5	根		
网兜	1	袋		
罐子	10	罐		

5. 选择工具（图 6）。

组装采摘器时你们用到了什么工具？在需要的工具下面画“√”。

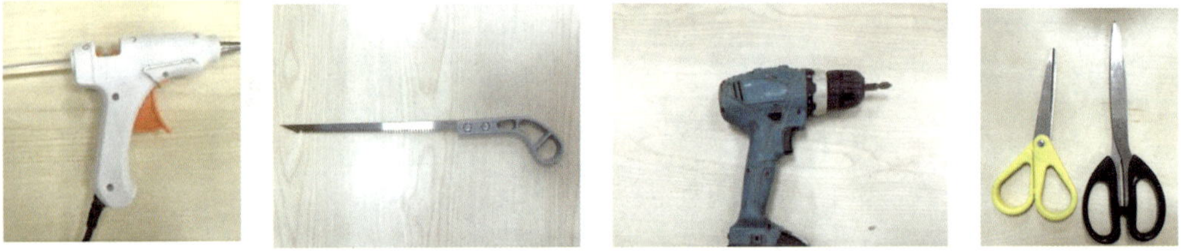

胶枪	锯子	打孔器	剪刀
□	□	□	□

图 6　工具超市

胶枪使用方法如图 7 所示。

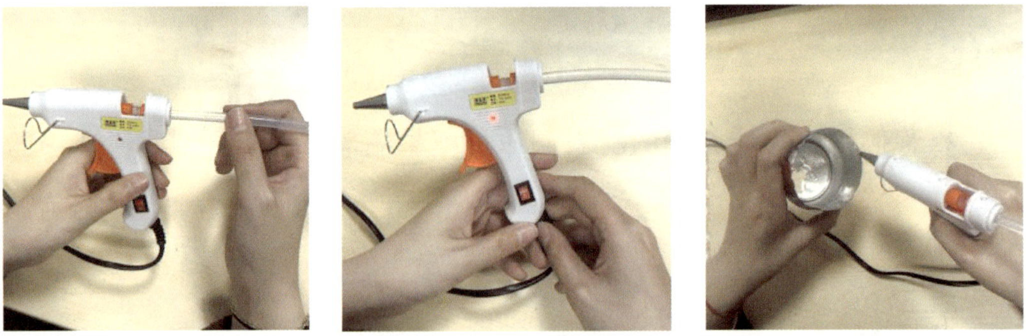

插入胶棒　　打开开关　　轻扣扳机

图 7　胶枪使用方法

环节 2：制作

1. （1）记录小组制作采摘器的过程（可拍摄制作流程照片后粘贴）。

（2）注意各个装置的组装，制作完成后能保证采摘器的正常使用。

2. 实际操作。

（1）制作爪子式采摘器，过程如图 8 所示。

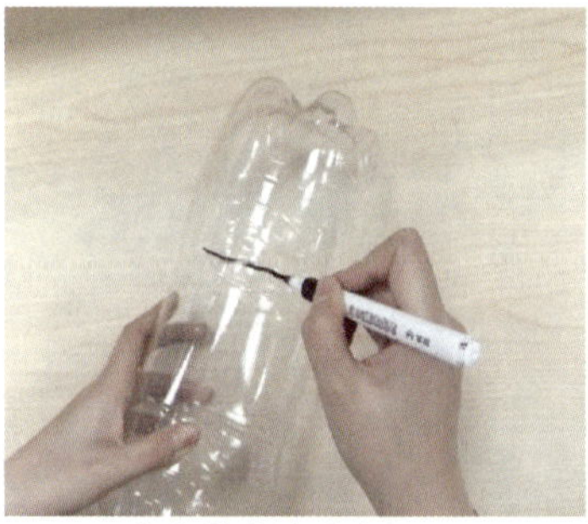

在塑料瓶身做标记

沿着标记位置裁切

打孔

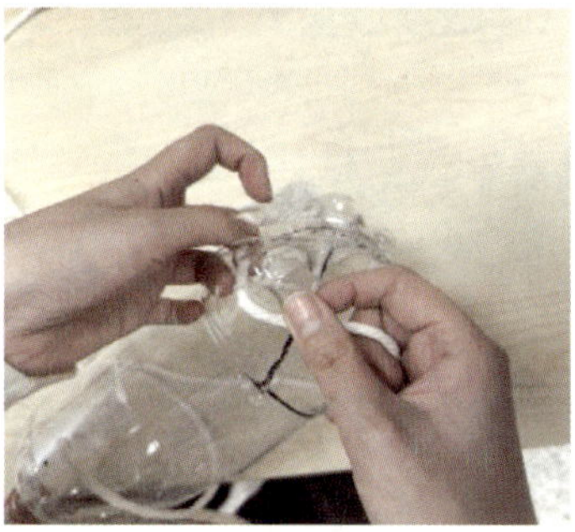

穿绳

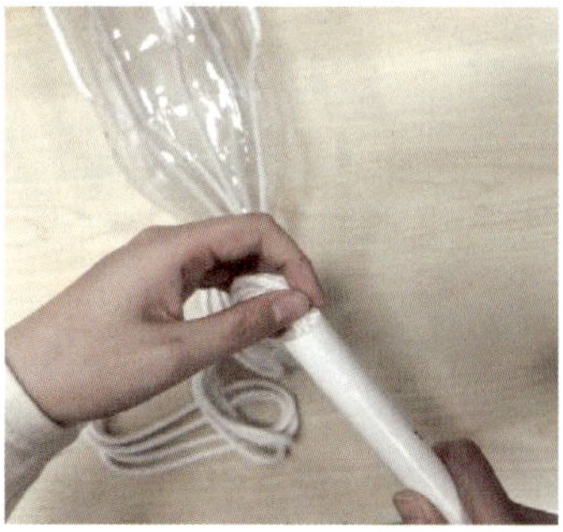

组装手柄

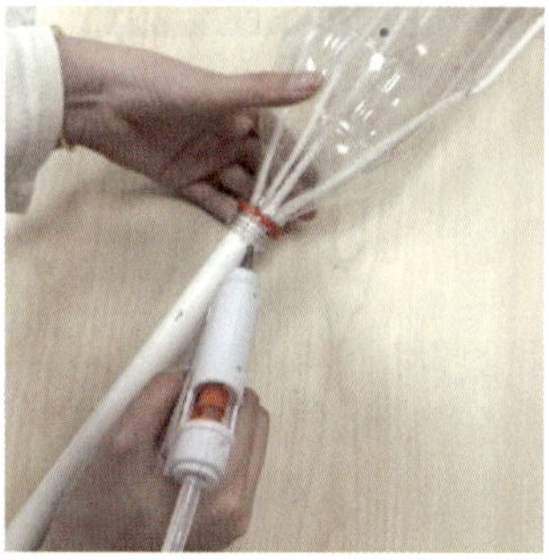

用胶枪固定

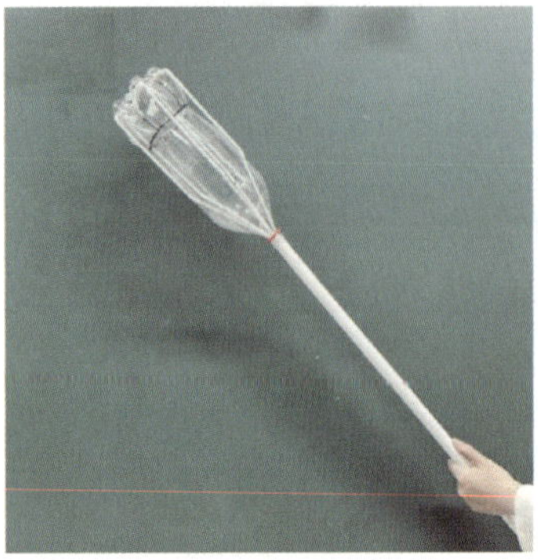
成品展示图（聚拢时）

成品展示图（张开时）

图 8　爪子式采摘器制作流程及成品展示

（2）制作锯齿式采摘器，过程如图 9 所示。

在罐子表面做标记

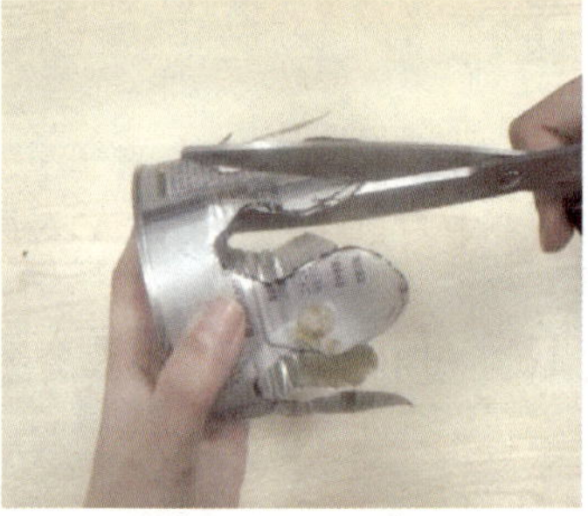
沿着标记位置剪切

将铁丝套入网袋

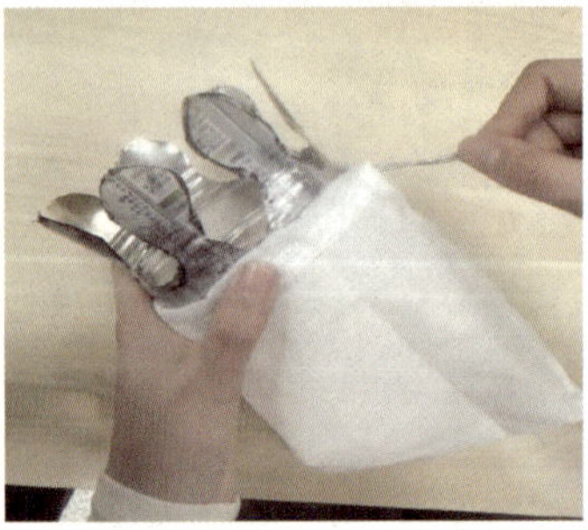
连接剪切装置和收集装置

组装手柄

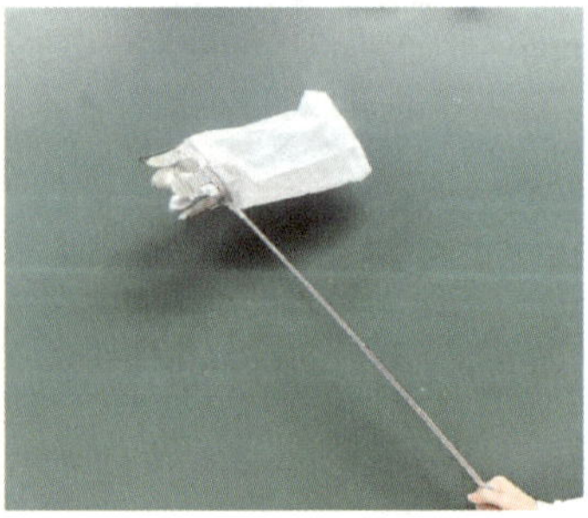
成品展示图

图 9　锯齿式采摘器制作流程及成品展示

六、评价与反思

环节 1：测试采摘器的采摘效果

1. 采摘器制作完成后，我们进行了采摘测试，如图 10 所示。

图 10 采摘器测试

2. 根据测试结果，填写实验记录表（表 5）。

（1）安全性测试：制作的装置是否安全，有没有危险性？

（2）功能性测试：制作出来的采摘器能否顺利采摘果实？

（3）效率性测试：摘一个果实需要多少时间？

（4）浪费率测试：收集装置能否完成任务？有没有掉落的果实？

表 5 实验记录表

采摘器	安全性	功能性	效率性	浪费率

环节 2：根据测试效果进行评价反思

1. 你们在测试时发现了什么问题？采摘器是否很好地实现了果实的采摘和收集？

2. 有同学发现，使用爪子式采摘器采摘的时候，由于爪子抓力不够，采摘器难以高效率地抓取枇杷，你们会采取何种解决措施？

3. 在使用锯齿式采摘器的时候，有同学发现：

（1）采摘器上的锯齿较锋利，很容易损坏果实。

（2）锯齿硬度不够，采摘效率不高。

针对以上情况，你们会采取何种解决措施？

4. 请你们总结问题，分析原因，并据此修改设计图，对装置进行必要的改造。请详细记录所有修改，这对方案的完善至关重要。

七、优化与升级

本环节任务：根据统计表，对采摘器进行升级迭代。

环节 1：绘制思维导图

采摘器还可以怎么改进？请绘制思维导图（样例见图 11）。

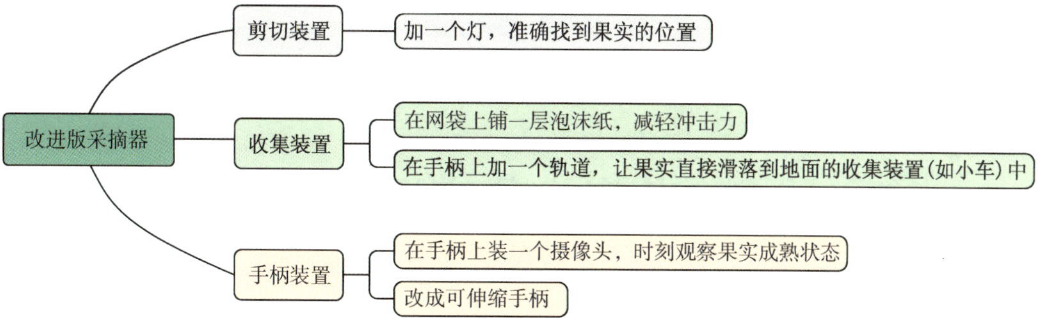

图 11　改进版采摘器思维导图样例

环节 2：画出设计图

根据以上分析，请画出你们的设计图（样例见图 12）。

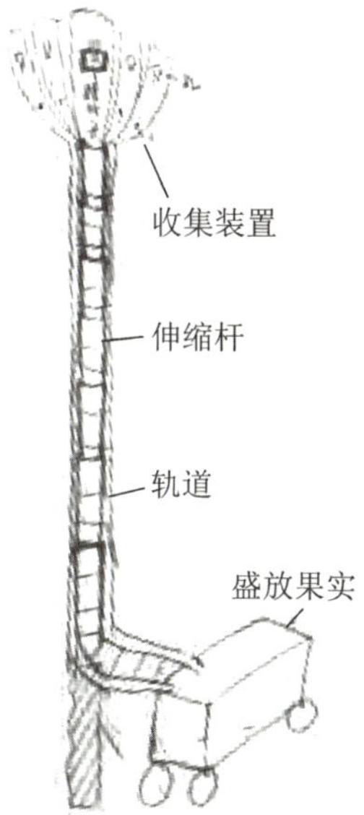

图 12　改进版采摘器设计图样例

项目5 当苏式花窗遇上书本支架

——为小学生设计制作实用的苏式书本支架

一、课例概述与教学目标

◎ 课例概述

本项目起源于社团学生阅读时的实际问题，他们发现长时间手持书本容易疲劳，且市面上的书本支架难以满足阅读不同尺寸书本的需求。于是，同学们萌生自制支架的想法。经过调研，他们发现通过 MakerBrush 和 LaserMaker 软件可以实现设计制作。在项目实施中，学生运用软件设计模型，并融入苏式花窗元素，经过科学探究、工程设计等环节，最终提升了跨学科素养和解决问题的能力。

本项目适用小学中高年级（4~6 人一组），建议课时：5 课时。

◎ 教学目标

科学探究（S）：

（1）知道激光可以用来切割物体。

（2）了解书本支架是如何工作的。

技术素养（T）：

（1）能熟练运用 MakerBrush 和 LaserMaker 软件进行设计。

（2）能在教师的引导下使用激光切割机。

工程目标（E）：

（1）能知道书本支架的结构和拼搭方法。

（2）能够在设计与制作时考虑不同结构的区别。

数学领域（M）：

（1）会用数学工具来测量自己书本的大小。

（2）能根据书本大小推算出书本支架的大小。

二、问题与聚焦

激光切割社团的同学们注意到，班级中许多同学皆佩戴眼镜，这一普遍现象令他们陷入沉思。他们对此产生了浓厚的兴趣，决定展开深入调查，以揭示视力下降背后的真正原因。经过细致入微的探究，他们发现，众多小学生在阅读书籍时，姿势极不规范（图 1）。有的俯身在书页之上，有的卧于床榻阅读，甚至有人将书本置于大腿，低头细览。这些错误的阅读姿势，不仅会对眼睛造成无法挽回的损害，还会严重影响长期阅读的效率与舒适度。因此，他们开始深思，是否有可能设计出一种既实用又美观的工具，用以纠正这些不当的阅读姿势，从而改善同学们的视力状况，提升阅读效果，为同学们的健康与学业保驾护航。

图 1　不规范的阅读姿势

经过讨论，激光切割社团明确工程任务：为小学生设计制作实用的苏式书本支架。

三、调查与研究

环节 1：书本尺寸调查

找一把刻度尺，对你最喜欢的书本进行测量（图 2），并记录测量数据（表 1）。

图 2　测量书本的长、宽、高

表 1　书本长、宽、高记录表

所测区域	测量结果/厘米
长	
宽	
高	

环节 2：支架的基础结构探究

找一个书本支架（图 3），观察它的结构。

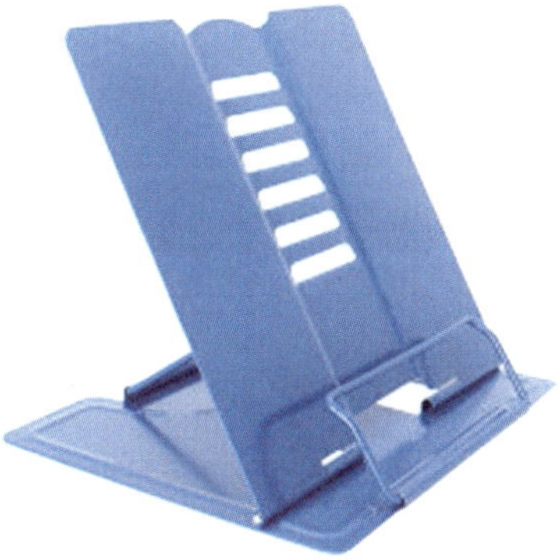

图 3　书本支架

思考：书本支架由哪几部分组成？哪里起到稳定作用？

环节 3：苏式花窗探究

观察苏式花窗（图 4）。

图 4　苏式花窗

思考并讨论书本支架中融入哪种花窗最合适，如何融入最具有可操作性。

四、分析与设计

本小节的核心任务在于对自制书本支架的结构进行深入分析，并借助 MakerBrush 与 LaserMaker 这两款软件的免费版，完成其设计工作。通过对支架结构的细致剖析，我们将力求设计出既符合实际使用需求，又能够展现出独特的创意的支架。同时，利用这两款软件的强大功能，我们将精确地绘制出支架的结构图，为后续的制作工作奠定坚实的基础。

环节 1：绘制思维导图

环节 2：分析书本支架核心结构的实现方式

根据前面的思考，我们查阅了多种资料并咨询了老师们的专业意见，总结这些意见之后，我们绘制了书本支架设计图（图 5）。

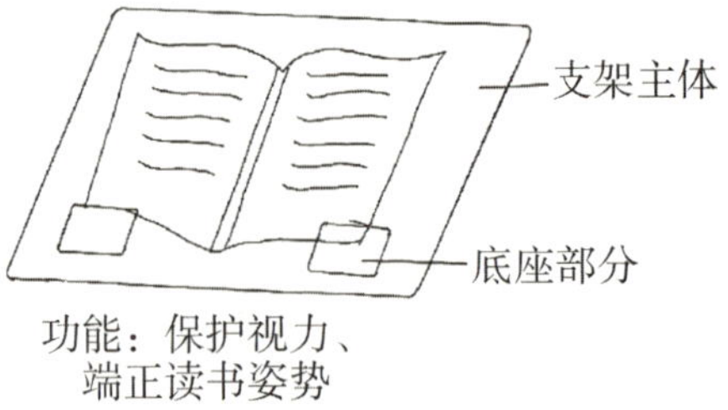

图 5　书本支架设计图

环节 3：利用 MakerBrush 软件设计书本支架结构图

（1）新建一个项目，然后依据精确测量的书本尺寸，插入一块长、宽均超出书本边缘 5 厘米的圆角矩形木板（图 6）。此举旨在确保木板能够稳固支撑书本，同时提供舒适的阅读角度。圆角设计不仅增强了木板的美观性，还提升了使用的安全性，避免了尖锐边角可能带来的伤害。

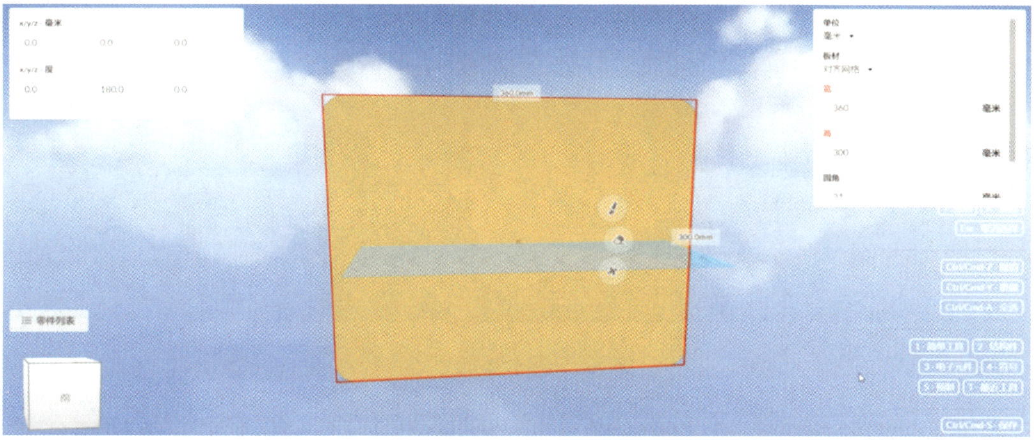

图 6 插入圆角矩形木板

（2）在矩形的左下角，我们切开了一个长度为 5 厘米的横向小口，随后在矩形的右侧也对应地切开一个相同尺寸的小口（图 7）。

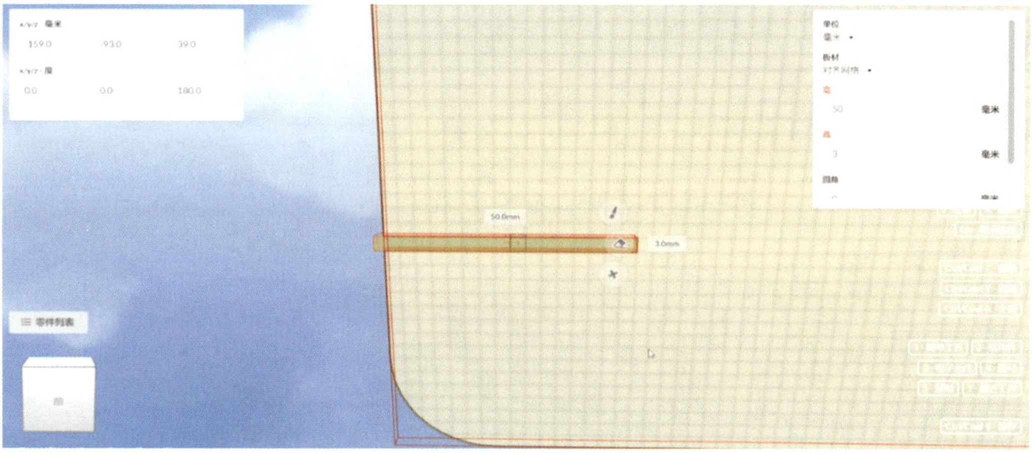

图 7 在矩形左右侧切开相同尺寸的小口

（3）在先前切开的小口位置，我们绘制一个宽 10 厘米、长 15 厘米的圆角矩形木板。随后，我们采用榫卯结构将木板巧妙地卡合在支架上，确保其稳固可靠。在此过程中，我们将木板的四分之一置于支架前部，剩余部分则置于后部，以实现支架的均衡与稳定，同时提升其美观性。（图 8）

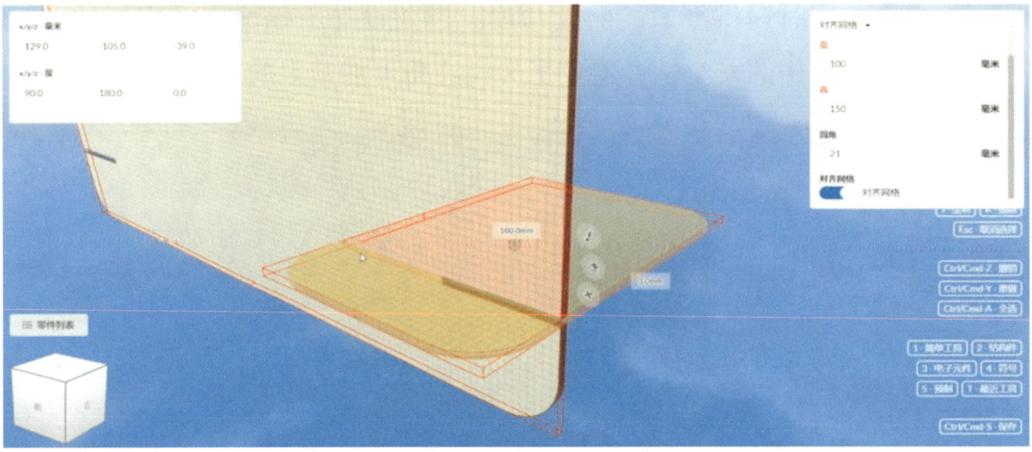

图 8　设计榫卯结构

（4）基础部分绘制完毕，简易而实用的书本支架基础部分结构图便宣告完成。（图 9）

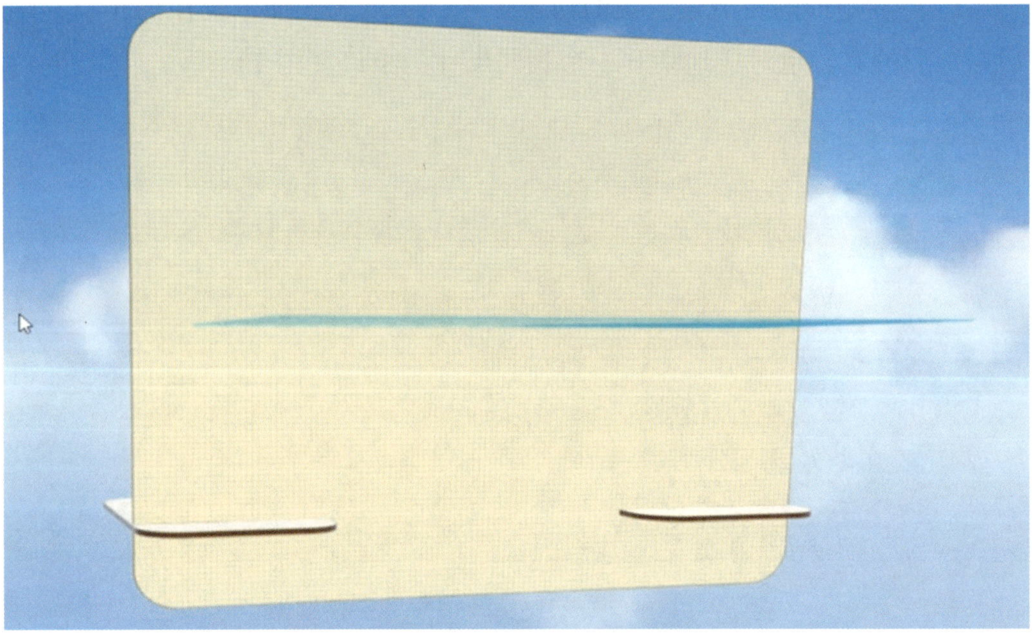

图 9　书本支架基础部分结构图

环节 4：利用 LaserMaker 软件设计花窗

在完成了支架主体结构的制作后，我们接下来将致力于花窗部分的巧妙添加，以期为整个支架增添一抹独特的苏式风情。

（1）将先前完成的设计图导入 LaserMaker 软件（图 10），以便进行后续的切割与制作工作。

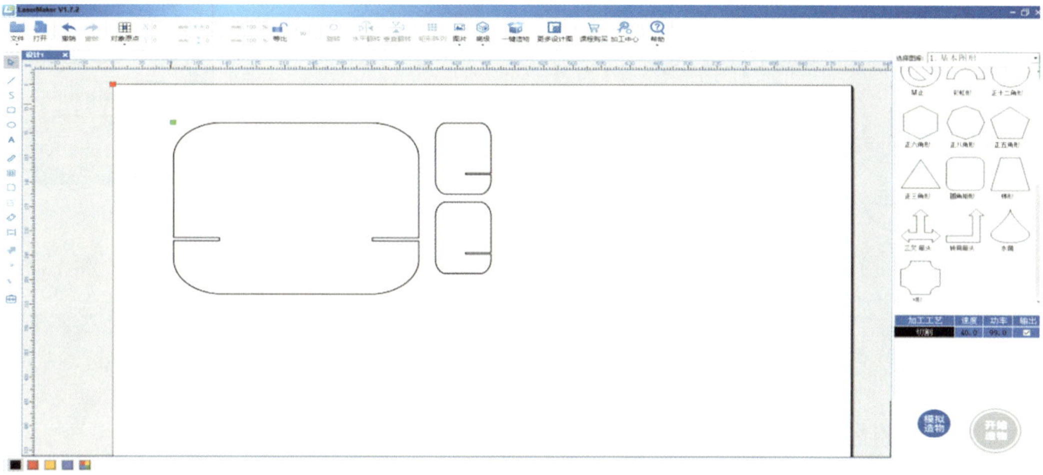

图 10 将书本支架设计图导入 LaserMaker 软件

（2）在软件右侧选“4. 装饰边框”，可见多个苏式花窗图形（图 11）。选中喜欢的花窗，按住左键拖拽至设计图中即可。

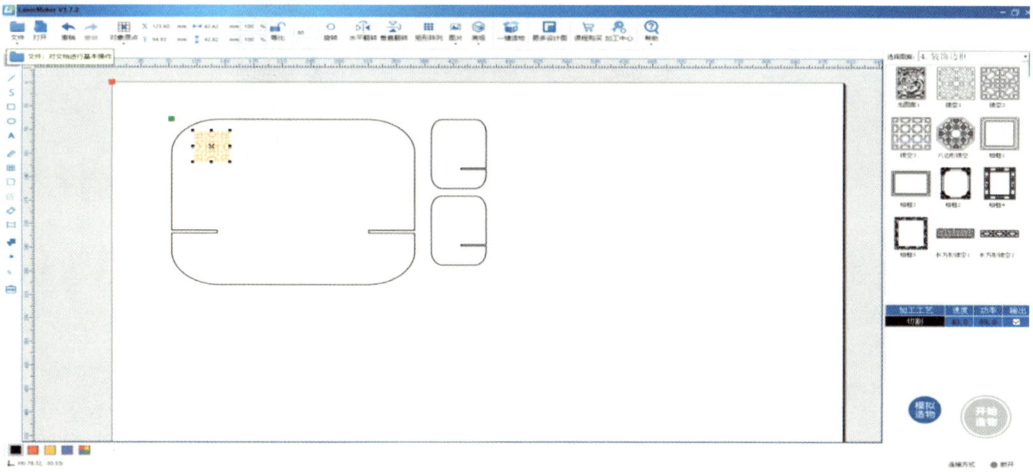

图 11 选择苏式花窗图形

（3）随后调整至适宜大小，并根据需要复制数次（图 12）。

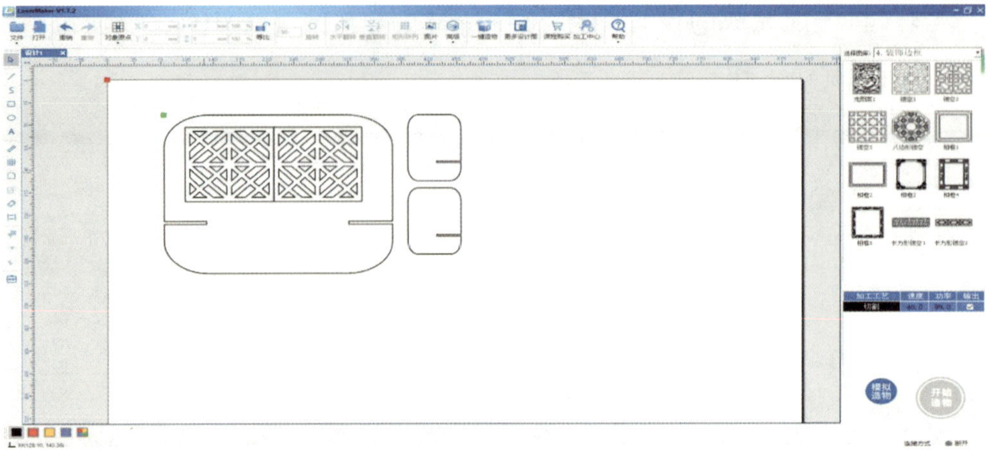

图 12　调整图形大小

（4）随后将图纸导入激光切割机（图 13）即可。

图 13　激光切割机

五、选材与制作

环节 1：选材

激光切割机可以切割木板、亚克力板、KT 板、瓦楞纸板等材料。（图 14）

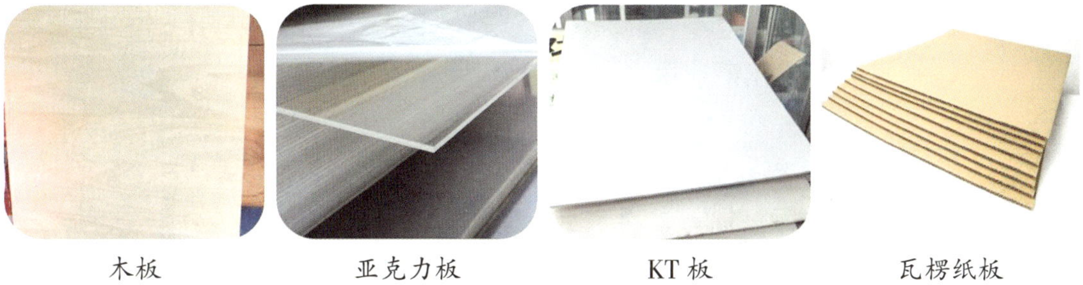

图 14 四种可切割材料

测试四种材料后，我们选定木板作为制作材料，因其强度、美观性、硬度和韧性均符合要求。

环节 2：切割

把设计图导入切割机，用选好的木板进行切割。(图 15)

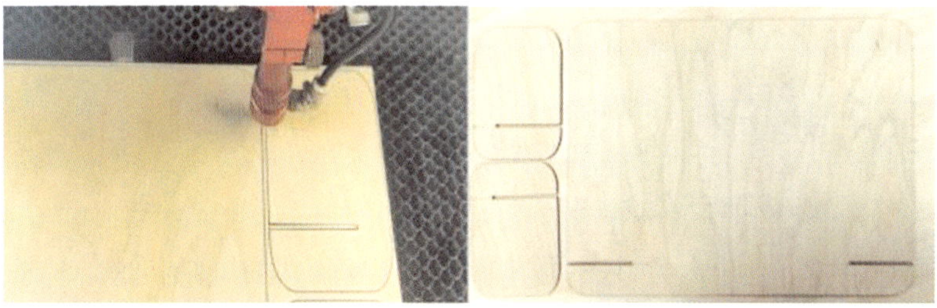

图 15 切割木板

最终得到了我们设计的支架结构件。

环节 3：制作

经过我们的制作，一个简易书本支架终于完成啦。(图 16)

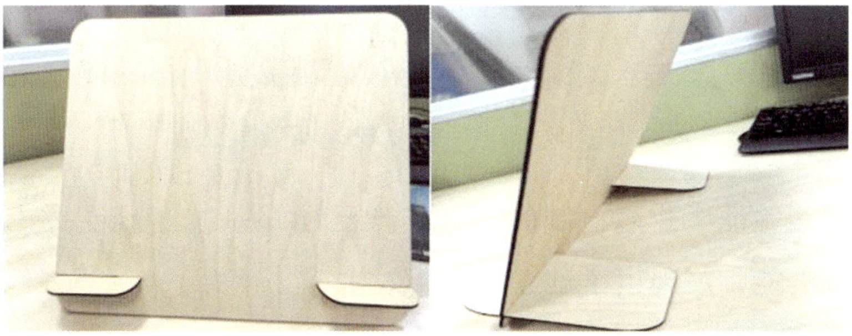

图 16 制作书本支架

环节 4：加入苏式花窗

把切割好的苏式花窗点缀在书本支架上。（图 17）

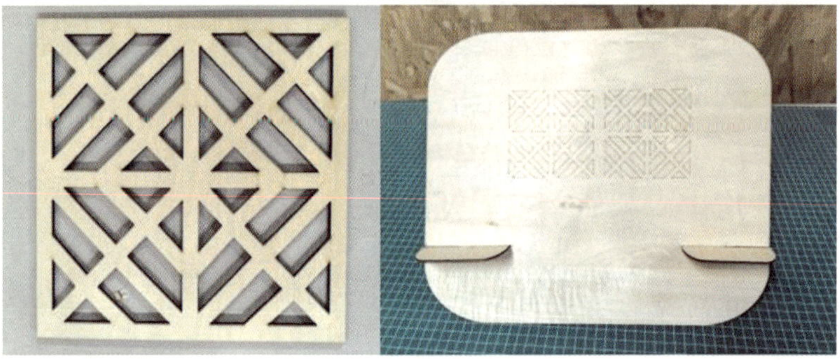

图 17　加入苏式花窗

一个充满姑苏风格的书本支架就完成啦。

六、评价与反思

环节 1：自测书本支架效果

我们测试了各种书本在书本支架上的实际效果。（图 18）

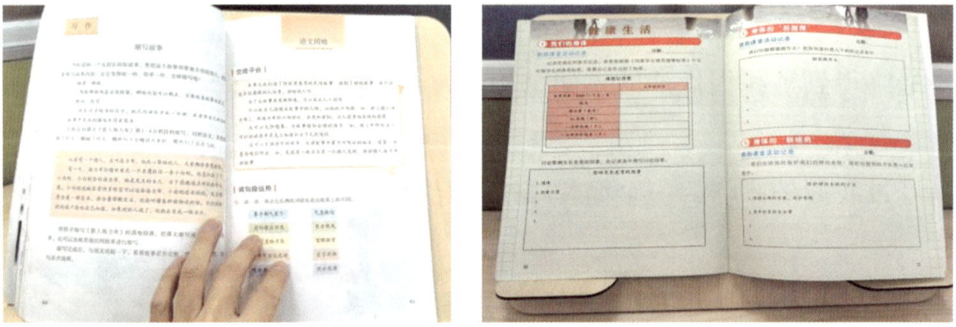

图 18　测试书本支架使用效果

经过实践验证，我们自制的书本支架已能够基本实现支撑书本、稳定阅读姿势等功能，展现出了良好的使用效果。

环节 2：邀请用户测试书本支架效果

为进一步测试书本支架的实用性，我们在班内展示并邀请同学们体验，随后根据体验效果在表 2 中记录。

表 2 书本支架评价表

项目	1 分	2 分	3 分	评分
书本打滑次数	两分钟内打滑次数大于 3 次	两分钟内打滑 1～3 次	两分钟内无打滑	
使用舒适程度	使用时读书姿势非常不舒服	使用时读书姿势需要调整	使用时读书姿势自然，无明显不适感	
美观度	外观非常粗糙	外观美丑存在争议	外观非常美丽	
苏式文化结合度	看不出任何苏式文化	能看出书本支架中存在苏式花窗	能从书本支架中体会到苏州园林的感觉	

环节 3：反思书本支架功能

经过多轮严谨的测试，我们深入观察了同学们在试用书本支架时的实际表现，发现书本滑动现象较为频繁，这不仅打断了同学们的阅读节奏，更在一定程度上影响了他们的阅读效率。对于这一问题，我们需要进一步优化支架的设计，增强其稳定性。

在舒适度方面，尽管每位同学的感受略有不同，但总体而言，书本支架的表现尚算不错。它能够为同学们提供稳定的支撑，使得同学们在阅读时能够保持舒适的姿势。然而，在美观度上，我们注意到由于每位同学对苏式文化的接受程度不同，因此他们对于支架外观的评价存在一定差异。有的同学认为支架融入了苏式文化的元素，显得别具一格；而有的同学则觉得其外观过于传统，不够现代。针对这一点，我们将积极听取同学们的意见，力求在保持实用性的同时，提升支架的美观度。

七、优化与升级

环节 1：针对看书过程中书本支架容易打滑的升级

针对使用过程中书本易滑的问题，我们进行了深入研究，并发现通过在支架前方增设一小块木板（图 19）可有效阻挡书本的下滑趋势，从而显著提升其稳定性。这一改进措施不仅增强了书本支架的实用性，同时也提升了用户体验。

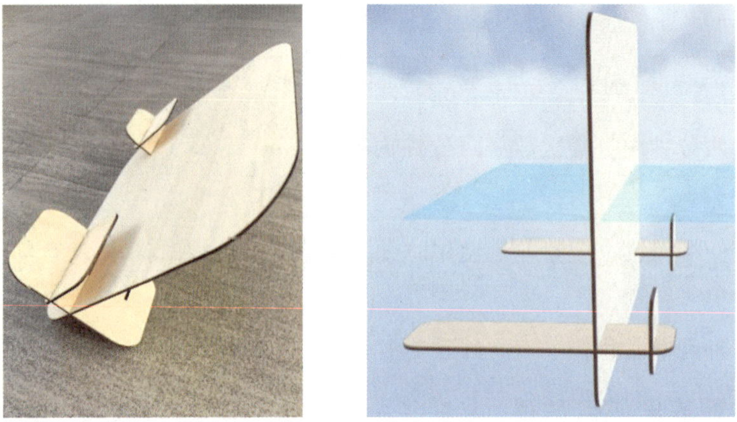

图 19　书本支架升级一

环节 2：针对书本支架角度不可调节的升级

鉴于小学生身高差异显著，不同年级的学生对书本支架的角度需求各异，我们建议在卡扣板上增设多个卡扣（图 20），以便灵活调节支架角度，满足不同学生的使用需求。这一改进措施旨在提升支架的适用性和便利性，使其更加符合小学生的实际使用场景。

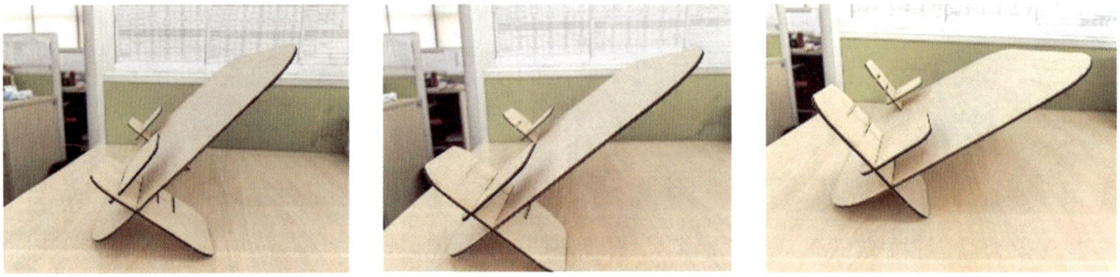

图 20　书本支架升级二